アクティブ・ラーニングで授業を変える!

「判断のしかけ」を取り入れた

小学校国語科の学習課題 48

中洌正堯 [監修]

長崎伸仁・三津村正和・正木友則 [編著]

明治図書

監修のことば

　国語教育実践史上に，青木幹勇の『問題をもちながら読む』『書きながら読む』『考えながら読む』（明治図書，1976）の三部作がある。とりわけ『問題をもちながら読む』は，その書名からしても，本書の先行実践研究として，じゅうぶん検討，吟味するに値する。

　いま，『問題をもちながら読む』（単行本は1964）の「まえがき」から主要論述（○）を抜き出してみよう。一つ一つが，私たちの実践研究に関わる検討課題（→）であることに気づく。

○国語指導の中で，ほんとうに，自主的，自発的な学習のできる子どもを育ててみたい
　→私たちは「主体的」という言葉を採用している。

○自ら学ぶ子，すすんで学習をうちたてていこうとする子ども，それを，「問題をもちながら読む」という指導と学習の上にとらえようとした
　→青木幹勇の「問題」と私たちの「学習課題」との共通点，差異点は何か。

○おのずから段階があり……学年により，学習の内容により，適切な指導が必要
　→私たちの「学習課題」の系統性，関連性をどう考えるか。

○学級集団での協同学習，つまり子どもたちが，たがいに各自の解釈，各自の思考をもちよって，より高い，よりち密な学習の成果をもとめるという態勢をきずく
　→アクティブ・ラーニングでは，「協働性」「対話性」が求められている。

○子どもたちの書くこと，話すこと，解釈することの中から，教材の研究，指導の方法，その他の問題（資料）がほとんど無尽蔵に提示されてくる

　青木幹勇は，「子どもの作る問題」を，「問題の段階（質）」として，「第一類　質問や疑問に関する問題」「第二類　確かめ，確認を求める問題」「第三類　感想や，意見としてまとめられた問題（批判を含む―中冽）」「第四類　研究発表に関する問題」に分けている。また，「問題のひろがり（種類）」として，「1　文字，語，語句に関する問題」から，「2　文，文章／3　文法／4　表現／5　事実／6　人物／7　心情／8　意図や主題」，そして「9　読み手の意見や感想に関する問題」までの9類に分けている。今回，私たちが提示した「学習課題」は，青木幹勇のヨコ四類，タテ9類のどこに位置づくものか，それとも新たな座標を必要とするものか，考察してみるとよい。

　『問題をもちながら読む』の実践研究は，読書力の育成を視野におく個人の実践体系の一環であった。本書は，「学習課題」の開発について，各学年にわたる多くの実践者，多くの教材による「多様性」「協働性」を特色とする提案の書である。ひるがえってこの書は，実践者各人の「学習課題」の実践体系を創り上げていく際の有益な資料となるものである。

　2016年12月

　　　　　　　　　　　　　　　　　　　　　　　　　　　　　　監修者　中冽正堯

目 次

監修のことば（中洌正堯） 2

序章 「主体的・対話的で深い学び」を実現する学習課題と授業づくり

1 「深い学び」の実現を志向するアクティブ・ラーニング ……………………（三津村正和） 6

2 「演出的読解方法」が導く文学作品のダイナミックな読み
　　―「学習課題」開発の新たな視点― ………………………………………（中洌正堯） 11

1章 「深い学び」を実現する文学教材の学習課題と授業づくり

1 文学教材の学習課題とアクティブ・ラーニング …………………………（長崎伸仁） 16

2 文学教材の学習課題とアクティブ・ラーニングの授業づくり ……………… 22

1年
①MVPは誰だ？ ………………………………………………「おおきなかぶ（共通）」 22
②一緒に遊びたかったのはくじらぐも？　それとも，子どもたち？
　　　　　　　　　　　　　　　　　　　　　　　　　　「くじらぐも（光村）」 24
③エルフへの大好きレベルを考えよう ………「ずうっと，ずっと，大すきだよ（光村）」 26
④たぬきが糸車で糸をつむいでいたのは，いたずらか？　いらずらじゃないか？
　　　　　　　　　　　　　　　　　　　　　　　　　　「たぬきの糸車（光村）」 28

2年
①この物語で欠かすことができないのは誰？ ………………………「スイミー（共通）」 30
②きつねは，ひよこ・あひる・うさぎを食べようと思っているかな？
　　　　　　　　　　　　　　　　　　　　　　　　「きつねのおきゃくさま（共通）」 32
③「お手紙」の主役は，がまくん？　それとも，かえるくん？ ……「お手紙（共通）」 34
④「かさのじぞうさま」と「手ぬぐいのじぞうさま」の感謝の気持ちは同じ？
　　　　　　　　　　　　　　　　　　　　　　　　　　　　「かさこじぞう（共通）」 36

| 3年 | ①どちらのかげおくりの方が幸せだったのかな？「ちいちゃんのかげおくり（光村）」 38
②昔からの「言い伝え」とおもしろい「歌」，
　　これから，村人が伝えていくのは，どっち？ ………………「三年とうげ（光村）」 40
③女の子に，おにたの本当の姿を伝えた方がいい？ …………「おにたのぼうし（共通）」 42
④最後に，あなぐまにお礼を言ったのは，きつねでもいい？
　　（もぐらでないとダメ？）……………………………「わすれられないおくりもの（共通）」 44

| 4年 | ①この物語の題名は，「夏みかん」でもいい？ ……………………「白いぼうし（共通）」 46
②ゆみ子は，お父さんのことを知らないままでいい？　知らせてあげたい？
　　………………………「一つの花（共通）」 48
③のぶよにとって，運動会の思い出ベスト3は？ ………………………「走れ（東書）」 50
④ごんは，兵十のおっかあに何を語るのだろうか？ ……………「ごんぎつね（共通）」 52

| 5年 | ①大造じいさんと残雪の「ライバル度」はいくつ？……「大造じいさんとガン（共通）」 54
②紳士たちへのおしおき？　それとも…？ ……………「注文の多い料理店（共通）」 56
③幻灯会に招待したのは誰のため？ ……………………………「雪わたり（共通）」 58
④神様はいたのか？　いなかったのか？ ………………「わらぐつの中の神様（光村）」 60

| 6年 | ①ひろしとお父さん，どっちがどれだけ悪いのだろう？ ……「カレーライス（光村）」 62
②ノリオは何も言わなかったのか？　何も言えなかったのか？
　　………………「川とノリオ（共通）」 64
③「きつねの窓」に隠された「真実」は何か？ …………………「きつねの窓（共通）」 66
④太一は，クエから逃げたのだろうか？ …………………………「海の命（共通）」 68

2章 「深い学び」を実現する 説明文教材の学習課題と授業づくり

1　説明文教材の学習課題とアクティブ・ラーニング ………………………（正木友則） 72

2　説明文教材の学習課題とアクティブ・ラーニングの授業づくり ……………………… 78

| 1年 | ①どこが似ている？　どこが違う？　仲間探しをしよう！
　　………………「歯がぬけたらどうするの（東書）」 78
②どちらの題名の方がいいかな？ …………………………「みぶりでつたえる（教出）」 80
③どの「つくり」を書いた方がいいかな？ ………………………「じどう車くらべ（光村）」 82
④ライオンの赤ちゃんとしまうまの赤ちゃんが「けんか」をしたら…
　　どちらが強いかな？ …………………………「どうぶつの赤ちゃん（光村）」 84

| 2年 | ①アニメにするとしたら，主人公は「たんぽぽ」？ 「わた毛」？ 「たね」？ ……「たんぽぽのちえ（光村）」 86
②獣医さん，その仕事は明日もしますか？ 1年後もしますか？ ……「どうぶつ園のじゅうい（光村）」 88
③「〈すごい vs. 賢い〉メーター」をつくろう！……「ビーバーの大工事（東書）」 90
④「人生って大変だよ！ ランキング」をつくろう！ ……「さけが大きくなるまで（教出）」 92

| 3年 | ①「少しだけ役立っている」でもよいのでは!?……「自然のかくし絵（東書）」 94
②「まいご」の絵文字から，「親しみ」を感じる…？……「くらしと絵文字（教出）」 96
③題名は本当に「すがたをかえる大豆」でいい？……「すがたをかえる大豆（光村）」 98
④ウィルソンさんは，どの実験・研究に興奮した!?……「ありの行列（光村）」 100

| 4年 | ①ヤドカリとイソギンチャク，どちらが得をしているのでしょう…？ ……「ヤドカリとイソギンチャク（東書）」 102
②実験3以外は必要ない？……「花を見つける手がかり（教出）」 104
③勉強でも動かなくてはいけないの…？……「動いて，考えて，また動く（光村）」 106
④アップとルーズ…？ ルーズとアップ…？……「アップとルーズで伝える（光村）」 108

| 5年 | ①6段落は必要…？……「動物の体と気候（東書）」 110
②もしも一つに絞るとすれば…？……「言葉と事実（教出）」 112
③筆者と自分が「伝えたかったこと」を比較しよう！……「生き物は円柱形（光村）」 114
④弟子入りするなら…どちらを選ぶ？……「千年の釘にいどむ（光村）」 116

| 6年 | ①イースター島に森林がなくなったのはなぜ…？ ……「イースター島にはなぜ森林がないのか（東書）」 118
②もしも鳥獣戯画の作者が本文を評価するとすれば，どのように評価するのだろう？……「『鳥獣戯画』を読む（光村）」 120
③新しい暮らし方ランキングを作ろう！……「自然に学ぶ暮らし（光村）」 122
④「ぼくの世界」と「君の世界」の関係を図で表そう ……「ぼくの世界，君の世界（教出）」 124

あとがき（長崎伸仁）　126
執筆者一覧　127

序章 「主体的・対話的で深い学び」を実現する学習課題と授業づくり

1 「深い学び」の実現を志向する アクティブ・ラーニング

1. なぜ今，アクティブ・ラーニングが求められているのか？

　日本の教育界にアクティブ・ラーニング（以下，AL）という概念が登場したのは，2012年8月28日のいわゆる「質的転換答申」[1]）においてであった。そこでは，AL の議論は専ら大学教育改革の文脈に限定されていた。しかし，2014年11月20日の下村博文文部科学大臣（当時）の中央教育審議会への諮問[2]）（以下，「下村諮問」）では，AL が初等中等教育への展開までをも見据えることとなり，それへの応答としてまとめられた2015年8月26日の「論点整理」[3]）では，AL を要とする次期学習指導要領改訂に向けた大きな方向性が示されるに至った。これにより，2018年度から順次実施予定となる学習指導要領（幼稚園は教育要領）[4]）では，幼稚園から大学まで AL を新たな柱に据えた一貫性のある教育改革が行われることとなる。

　では，なぜ今，AL が求められているのか？　「下村諮問」では知識基盤社会やグローバル化の不可逆的な進展に伴う社会・産業構造の変動の時代にあって，「他者と協働しながら価値の創造に挑み，未来を切り開いていく力」を育成するための新たな学習指導要領の必要性が，「論点整理」では，（それへの対応として，）教育課程全体を通じて，どのように子どもを育てていくのかが，更には，どのような資質・能力の育成を図るべきなのかがそれぞれ議論されている。こうした予測不能な未来社会への準備の必要性は，何も日本に限って論じられているものではない。諸外国においては，既に1990年代後半から，そのような時代の到来を見据えての育成すべき資質・能力の概念化が着々と進められてきたのである。例えば，OECD（経済協力開発機構）Definition and Selection of Competencies（DeSeCo）プロジェクト（1997～2003）の**キー・コンピテンシー**[5]），また国際団体 Assessment and Teaching of 21st Century Skills（ATC21s）プロジェクト（2009～2012）が提唱する**21世紀型スキル**[6]）しかりである。

　このような資質・能力の育成を見据えた諸外国における教育改革の動向を踏まえ，国立教育政策研究所（2013）は，日本独自の**21世紀型能力**[7]）の概念化を試みた。21世紀型能力は，「『生きる力』としての知・徳・体を構成する資質・能力から，教科横断的に学習することが求められる能力を資質・能力として抽出し，これまで学校教育が培ってきた資質・能力を踏まえつつ，それらを『基礎』『思考』『実践』の観点で再構成した日本型資質・能力の枠組み」[8]）である（図2の右円図を参照）。

　今日の AL の議論は，従来の「コンテンツベース」（内容網羅・知識注入型）の教育から，これからの新しい時代を生きるために必要な資質・能力の育成を基盤とする「コンピテンシーベース」（資質・能力育成型）への教育改革の世界的潮流のなかに位置づけられる。コンピテ

ンシーベースの教育原理の枠組みにおいては，「何を知っているか」という「個別の知識」の理解に留まることなく，思考力・判断力・表現力を駆使しながら，その知識をいかに活用し，自分の人生と社会に主体的・協働的に関わっていくことができるのかが問われる（図1）。ALは，子どもたちがこれからの未来社会を力強く生きていくための資質・能力の育成を志向するとともに，マクロ的な視点から見れば，それは，「社会のための教育」という従来の教育観から脱却し，「教育による未来社会の創造」への教育パラダイムの一大転換をも志向する学習論として価値づけることができよう。

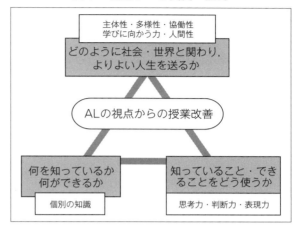

図1　育成すべき資質・能力

（出典）教育課程企画特別部会（2015）補足資料(1)27頁より一部改変。

2. ALとは何か？

　ALとは何かについて考える上では，学術的定義と政策的定義の両義を押さえる必要がある。まず，学術的定義においては，米国のBonwellとEison（1991）の論文[9]がAL概念化の嚆矢とされるが，紙幅の関係上，その解説については松下（2015）[10]に譲ることとする。ALの日本への伝播また日本の高等教育の文脈における普及・推進を図ったのは，紛れもない京都大学の溝上慎一である。溝上（2014）は，ALを次のように定義している。

　　一方向的な知識伝達型講義を聴くという（受動的）学習を乗り越える意味での，あらゆる能動的な学習のこと。能動的な学習には，書く・話す・発表するなどの活動への関与と，そこで生じる認知プロセスの外化を伴う[11]。

　この定義の前半では，まずは知識の伝達に偏重する一方向的な講義形式の授業における「聴く」という行為を受動的な状態として「ポジショニング」することで，その起点を越境するあらゆる能動的な学習をALに包含しようとする。続いて定義の後半では，能動的な学習の具現化として，「活動への関与」と「認知プロセスの外化」という二つのキーワードを提示している。溝上（2014）は，「（ALは，）知識習得以上の，活動や認知プロセスの外化を伴う学習を目指すし，そのような学習を通して身につける技能や態度（能力）が社会に出てから有用であるという考え方」[12]に依拠する学習論であることを指摘する。ここからは，ALが認知領域のみならず情意領域の向社会的な発達をも視野に入れた全人的な資質・能力の育成を志向する統合概念として定義されていることが分かる。

　次に政策的定義であるが，「下村諮問」においてALは，「課題の発見・解決に向けた主体

的・協働的な学び」として定義された。「論点整理」では，このALの定義を踏襲しつつも，新たに「主体的な学び」「対話的な学び」「深い学び」の三つの視点がALの特徴として提起されることとなる。この背景には，ALが狭い意味での授業方法，或は授業改善の「型」として普及することへの危惧があったものとされ，三つの視点に立脚した学習課程全体のAL化また改善が期待されている。さらに，2016年8月1日に発表された教育課程企画特別部会の「審議のまとめ」[13]では，三つの視点の内容に概念修正が加えられ，次のようにまとめられた。

①学ぶ意味と自分の人生や社会の在り方を主体的に結び付けていく「主体的な学び」
②多様な人との対話や先人の考え方（書物等）で考えを広げる「対話的な学び」
③各教科等で習得した知識や考え方を活用した「見方・考え方」を働かせて，学習対象と深く関わり，問題を発見・解決したり，自己の考えを形成し表したり，思いを基に構造・創造したりする「深い学び」

①の「主体的な学び」と②の「対話的な学び」については，従来のALの定義の「主体的・協働的な学び」との相関性が伺えるものの，「論点整理」及び「審議のまとめ」に至って，新たに「深い学び」という観点が付加されたことには十分な考察が必要である（後に詳述）。

3．ALの実践的定義化

ここまでALの学術的また政策的な定義を確認したが，初等中等教育へのALの展開においては，こうした定義を踏まえながら，各学校が実践的定義化を図ることが求められよう。その実践的定義化の際のポイントとしてあげられるのは，いかにして教科内容との融合を図りながら，資質・能力の育成を志向するAL型の学習活動を設計するかである。これについては，国立教育政策研究所（2016）が「教科等の内容と資質・能力を学習活動でつなぐ教育が有効」との観点から，教科内容―学習活動―資質・能力の連結を通した「生きる力」の育成を概念モデル図（図2）として提示している。国立教育政策研究所（2016）によると，（図の左側の）教科等の内容だけを重視し，知識の伝達を第一義とするようなコンテンツベースの授業をしても，（図の右側の）資質・能力の涵養は見込めない。一方で，資質・能力の育成だけに偏った授業をしても（例えば，問題解決の練習ばかりを反復しても），生きて働く問題解決能力

図2 「生きる力」の育成に向けた教科内容―学習活動―資質・能力の連結

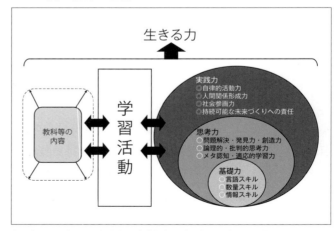

(出典) 国立教育政策研究所（2016）『資質・能力 [理論編]』，東洋館出版社，231頁より一部改変。

は獲得されにくい。従って，「意味のある文脈の中で，教科等の内容の中核となるビッグアイデアを手掛かりに，問う価値のある課題の解決に向けて学習活動を組織することを通して初めて問題解決能力なども育まれ，こうした授業作りを繰り返すことで，教科等の内容と資質・能力が一体化され，『生きる力』の育成につながっていく」[14]ものとしている。

4．深い学びの実現を志向する AL

　次期学習指導要領改訂の要である AL は，授業においては，「主体的な学び」「対話的な学び」「深い学び」を促す／生む学習活動として具現化される。従って，現場の教員には，これら三つの学びの実現を志向する学習活動をデザインするスキルが求められる。なお，総則・評価特別部会（2016）は，「（AL の三つの視点のうち，）『対話的な学び』及び『主体的な学び』が注目され，『深い学び』の視点に基づく改善が図られていない」[15]と指摘しているが，筆者も同様の見解に至る。また，主体的・対話的な学びの提供が，自ずと深い学びに連動するという直観的理解に基づく概念なき議論が散見されたりもする。更に，筆者が渉猟するところでは，これら三つの視点の相関性に関する議論，或はこれら三つの視点と「思考力・判断力・表現力」との関係性を問うた議論は依然として少ない。

　こうした筆者固有の問題意識への応答として，筆者は，長崎（2016）[16]の「判断」を促す**学習課題**設定の考えを参考に，図3を作成した。**深い学び**を誘発する良質な**学習課題**を学習者（群）に提供することで，**主体的・対話的な学び**が促進されるという構図である。**主体的・対話的な学び**の学習環境設定においては，**学習過程**（時間軸）と**学習形態**（平面軸）に留意する。

学習過程は，長崎（2016）の提唱する「テキストとの対話・他者との対話・自己との対話」[17]という授業の流れに沿う。また，**学習形態**では，個人／ペア／グループ／クラス全体といった多様な形態を通じて，学習者が思考を外化（アウトプット）する場を確保することで，表現(力)の向上に努める。判断を契機として，思考（力）と表現（力）が相補的に育成されていくという仕組みである。学習者をこのような**学習過程・学習形態**に従事させることで，彼らの思考は

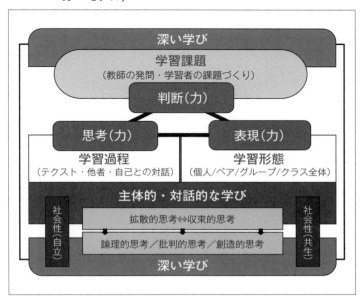

図3　深い学びを促す学習活動への AL 型アプローチ（ハンバーガーモデル）

拡散や収束を繰り返す。この拡散的思考⇔収束的思考の二者間の往来は，論理的・批判的・創造的思考といった高次の思考への架橋となるものである。

　筆者は，**深い学び**を促す**学習活動**へのAL型アプローチとして，**学習課題・学習過程・学習形態**の3要素を提示した。これらが総合的にデザインされた**学習活動**に学習者を誘うことによって，彼らの「思考力・判断力・表現力」は確実に鍛えられる。更に，こうした**学習活動**は，学習目標（認知的・技能的側面）に留まらず，態度目標（情意的側面）の同時獲得をも可能とする。特に，長崎（2016）は，ALから育まれる情意的側面としての「社会性」に着目している。

　また，「目標・指導・評価の一体化」が求められる教育活動においては，その設計とともに「改善のための評価」の視点が欠かせない。設計と評価は，コインの裏表の関係性と言える。したがって，AL型の授業においては，高次の思考と自立・共生の社会性涵養に資する**深い学び**が実現されているのか，それらを形成的，循環的に常に確認しながら，自らの教育活動の自律改善を図っていくことを図3（**ハンバーガーモデル**）は示唆している。

5．結語

　図3は，判断を促す**学習課題**から**深い学び**，**主体的・対話的な学び**の相関性，またそれらと思考力・判断力・表現力との関係性を読み解こうとした一つの試みである。ALの実践化における成否は，こうした学習活動のシステマティックな設計・評価とともに，教師自身が主体的・協働的な学び手（アクティブ・ラーナー）となることにかかっていると言える。

（三津村正和）

【注】
1）中央教育審議会（2012）「新たな未来を築くための大学教育の質的転換に向けて〜生涯学び続け，主体的に考える力を育成する大学へ〜」，文部科学省ホームページ（http://www.mext.go.jp/b_menu/shingi/chukyo/chukyo0/toushin/1325047.htm）（2016年8月30日アクセス）
2）下村博文（2014）「初等中等教育における教育課程の基準等の在り方について」，文部科学省ホームページ（http://www.mext.go.jp/b_menu/shingi/chukyo/chukyo0/toushin/1353440.htm）（2016年8月30日アクセス）
3）教育課程企画特別部会（2015）「教育課程企画特別部会における論点整理について（報告）」，文部科学省ホームページ（http://www.mext.go.jp/b_menu/shingi/chukyo/chukyo3/053/sonota/1361117.htm）（2016年8月30日アクセス）
4）次期学習指導要領は，小学校が2020年度，中学校が2021年度，高校が2022年度以降に全面実施される予定である。
5）Organisation for Economic Co-operation and Development. (2016). Definition and selection of competencies, Retrieved on August 30, 2016, from http://www.oecd.org/edu/skills-beyond-school/definitionandselectionofcompetenciesdeseco.htm
6）三宅なほみ［監訳］・益川弘如・望月俊男［翻訳］（2014）『21世紀型スキル：学びと評価の新たなかたち』，北大路書房
7）国立教育政策研究所（2013）「社会の変化に対応する資質や能力を育成する教育課程編成の基本原理」，国立教育政策研究所ホームページ（http://www.nier.go.jp/kaihatsu/pdf/Houkokusho-5.pdf）（2016年8月30日アクセス）
8）国立教育政策研究所（2014）『資質・能力［理論編］』，東洋館出版社，vii頁．
9）Bonwell, C. C., & Eison, J. A. (1991). Active learning: Creating excitement in the classroom. 1991 ASHE-ERIC higher education reports. Retrieved on August 30, 2016, from http://files.eric.ed.gov/fulltext/ED336049.pdf
10）松下佳代・京都大学高等教育研究開発推進センター［編著］（2015）『ディープ・アクティブラーニング—大学授業を深化させるために—』，勁草書房，1〜3頁．
11）溝上慎一（2014）『アクティブラーニングと教授学習パラダイムの転換』，東信堂，7頁．
12）同上，39頁．
13）教育課程企画特別部会（2016）「次期学習指導要領に向けたこれまでの審議のまとめ（素案）のポイント」，文部科学省ホームページ（http://www.mext.go.jp/b_menu/shingi/chukyo/chukyo3/053/siryo/1375316.htm）（2016年8月30日アクセス）
14）国立教育政策研究所（2016）『資質・能力［理論編］』，東洋館出版社，230頁．
15）総則・評価特別部会（2016）「アクティブ・ラーニングの視点と資質・能力の育成との関係について—特に「深い学び」を実現する観点から—」（資料1-1），文部科学省ホームページ（http://www.mext.go.jp/b_menu/shingi/chukyo/chukyo3/061/siryo/1368746.htm）（2016年8月30日アクセス）
16）長崎伸仁・坂元裕人・大島光（2016）『『判断』をうながす文学の授業：気持ちを直接問わない授業展開』，三省堂
17）長崎伸仁［監修］・石丸憲一・神部秀一・鯨井文代（2016）『子どもに「深い学び」を！小学校アクティブ・ラーニングを取り入れた国語授業』，東洋館出版社，15頁．

2 「演出的読解方法」が導く文学作品のダイナミックな読み
―「学習課題」開発の新たな視点―

1.「演出的読解方法」の提言

　「演出的読解方法」については，他にも「演劇的読解方法」，「脚本作りの読解方法」などの名称で，作品を「どう」読むかに関連して折あるごとに述べてきた。書きものの初めは，『物語的文章の学習指導の工夫』(1995)[1]である。次いでは，「劇を演出する読み」(2010)[2]であり，最近では「文学的な文章・何をどう読むか」(2013)[3]である。

　次のような伝統的な演劇構造図とともに提示した考えは今も変わらない。

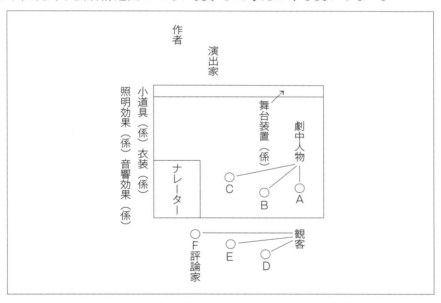

　作品を劇的に読むことの頂点は，演出家としてのそれにある。音楽における交響曲の指揮者の仕事に似ている。

　演出家の仕事は，劇中人物の演技をはじめ，舞台装置，大道具・小道具，衣装，照明効果，音響効果，劇の構成・進行などのすべてにわたる。

　演出家の仕事は，舞台をはさんで，評論家のそれと対極に位置している。いわば両者は演じる側の代表と観る側の代表である。

　私は，学習者を，受け身の観客の立場から，
　○身を乗り出して劇中人物と対話・交流する態勢へ
　○劇中人物を演じる態勢へ
　○舞台装置，大道具・小道具，衣装，照明効果，音響効果等を設定する態勢へ

○劇を演出する態勢へ
　　○劇を評論する態勢へ
といった転換をはかりたいと願っている。つまり，作品のダイナミックな読みを求めている。もちろん，いきなり「劇を演出する態勢」や「劇を評論する態勢」を求めるというのではない。各学年，各作品ごとに，自分にとって可能な読みの観点を選びつつ，自分の考えの形成と交流を進め，自ら鍛えつつ，その螺旋的向上をはかることによって，演出・評論する態勢と技能を獲得するのである。なお，ここでは舞台劇のイメージを中心に述べるが，アニメ化や映画化であっても，応用可能と考える。

2．「演出的読解方法」が導く読みの課題

　かつて青木幹勇は，「問題をもちながら読む」という実践研究をおこなった。その中で，青木幹勇は，「子どもの作る問題」を，「問題の段階（質）」として四類，「問題のひろがり（種類）」として9類に分けている（本書「監修のことば」参照）。
　「演出的読解方法」が新たな「問題の段階（質）」と「問題のひろがり（種類）」を導くことを期待する。以下に，いくつかの事例を示してみたい。

(1) 登場人物の演技（動作・セリフ）を考える

　「演出的読解方法」でなくても，登場人物の言動についてその意味を問うのであるが，人物を演じるとなると，その人物の性格，劇中の言動，場面の状況などの吟味が必要になる。
　「お手紙」（アーノルド＝ローベル）は，まず登場人物を確認し，それぞれの役をどう演じるかを考える必要がある。というのも，かたつむりくんは，お手紙の配達を頼まれたところとそれを届けたところに登場し，あとは「かたつむりくんは，まだ　やって来ません。」という3回のナレーションでその存在が示されているだけだからである。
　ナレーションは，「やって来ません」というのだから，そこにはいないわけである。けれども，わたしたちは，かたつむりくんを意識する。その意識の先に，かたつむりくんの奮闘ぶりが見えてくる。かたつむりくんには，それを演じてもらう。
　「お手紙」を，がまくんとかえるくんのそれぞれの幸せのドラマとするか，かたつむりくんの幸せを加えるか。後者のほうが，ドラマの厚みは増すと思われる。
　「大造じいさんとガン」（椋鳩十）では，セリフの検討例をあげてみる。
　この作品の終わりの第4場面で，大造じいさんは，飛び去って行く残雪に「おうい，ガンの英雄よ。おまえみたいなえらぶつを，おれは，ひきょうなやり方でやっつけたかあないぞ。」と呼びかける。「英雄」とか「えらぶつ」などといった讃辞がどこからきたか，「ひきょうなやり方」の意味するところは何かが了解されないと，このセリフは浮いたものになってしまう。
　大造じいさんを演じるためには，「おり」の中の残雪と一冬を過ごしてみる。定期的に餌を

運び、傷の手当てをする。その通いの間に、残雪に何度もしてやられてきたこと、そして、はやぶさとの1件で今に至っていることを回想する。今なら楽にやっつけることもできるが、それにしても、残雪は妥協することなく、頭領として敵対する目線や姿勢は変わらない。

　残雪の傷は抜群の回復力で治り、いよいよ開放の時がくる。おりのふたをいっぱいに開けてやると、残雪は「あの長い首」をかたむける。「あの」とは、はやぶさとの闘いの後、近寄った大造じいさんをにらみつけたときのイメージである。

　ためらうことなく「快い羽音一番」「一直線に」飛び上がるさまに、プライドを貫く潔さがある。(大道具係は、この飛び方が可能な「おり」を作る必要がある。)

　「英雄」「えらぶつ」という讃辞は、以上の残雪の一連の態度や行動から受けた感動を焦点化した言葉だと言えよう。加えて、大造じいさんの感受性が作用したものと捉える。

(2)　場面ごとの舞台装置、照明効果、音響効果を考える

　照明や音響は、作品上に叙述されないことが多い。そこを演出すると、作品が具体化、体験化し、生動してくる。

　「きつねのおきゃくさま」(あまんきみこ)において、第4の「おきゃくさま」であるおおかみが登場する場面展開での照明効果、音響効果など、どのような状況設定にするか。

　第1の「おきゃくさま」のひよこは散歩で春の歌をうたい、第2のあひると出合う。次に、あひるとひよこは散歩で夏の歌をうたい、第3のうさぎと出合う。この流れでいくと、その次は、ひよことあひるとうさぎは散歩で秋の歌をうたい、第4の「おきゃくさま」と出合うことが予想される。

　ところが、散歩も秋の歌もなく、おおかみが「くろくも山」から下りてくる。「かみ」も「くろくも」も、雷鳴がとどろく印象である。きつねは、雷雨の中で懸命に闘ったにちがいない。激しい雷雨は、後で墓を作る「にじの森」と照応する。

　もう一つ、音響効果の例を紹介する。「ちいちゃんのかげおくり」(あまんきみこ)には、ちいちゃんがお母さんと空襲の中を逃げまどう場面がある。授業者は学習者の感覚を生動させるために、「この場面には、どんな音が聞こえてきますか。」と問いかける[4]。

(3)　作品の空所やナレーション等の劇化を考える

　ここで「空所」とは、作品が叙述を省いていること、「ナレーション」とは、作品中、第三者的に説明されていることをさす。

　「ごんぎつね」(新美南吉)で、劇化の上でぜひ埋めてみたい空所がある。ごんは、兵十のおっかあが亡くなった後、穴の中で自分のいたずらを反省する。ところが、五の場面では「…神様にお礼を言うんじゃあ、おれは引き合わないなあ。」の後、穴の中での叙述はない。劇化としては、ここも、「そのばん、ごんは、あなの中で考えました。」として、ごんの一まとまりの

序章　「主体的・対話的で深い学び」を実現する学習課題と授業づくり　　13

思考を想定しなくてはならない。（参照：注３の論考）
　「海の命」（立松和平）は，空所の多いバラード（叙事詩）のような作品である。劇化しようとすることで，空所が見えてくる。それを埋めることが，読みの課題となる。
　先の「きつねのおきゃくさま」では，「おきゃくさま」ごとに，「…まるまる　太ってきたぜ。」というナレーションが入る。これにはどういう意味があり，どのような音声表現になるか。
　このナレーションを「きつねの内面にあるあくどい欲望の代弁」と理解する。きつねは，ひよこ以下を「太らせてから　たべよう」というあくどい欲望をもつ反面，ひよこの純心から発せられた「きつねお兄ちゃんって，やさしいねえ。」以下の言葉に単純に反応する人の好さがある。物語の展開が後者に沿って展開すると，平和な善意の進み行きが重なり，きつねのあくどい欲望がもたらす食うか，食われるかの緊張感は希薄になる。そこで，このナレーションを，きつね自身に対しても，観客に対しても，葛藤の緊張感を呼び覚ます間の手と捉える。

⑷　作品に解釈を加え，劇的世界を演出する

　「白いぼうし」（あまんきみこ）の終わりに聞こえる小さな小さな声「よかったね。」「よかったよ。」は，２匹のちょうがそれぞれの体験を語り合い，無事を喜び合っているのではないかと解釈する。そうするとどうなるか。白いぼうしに閉じ込められていたちょうと，松井さんの車に乗って菜の花橋へ送ってもらったちょうとは別のちょうと考える。
　白いぼうしのちょうは，冒険の果てに疲れて休んでいるところを，不覚にも幼稚園児にぼうしでおさえられてしまった。松井さんがぼうしを取り除いた時，すかさず飛び立ち，あわてて振り回すぼうしをかいくぐって，高く舞い上がり，並木の緑を越えて，小さな団地の前の小さな野原に帰った。一方，四角い建物ばかりで，道に迷ってしまった女の子のちょうは，松井さんの車に助けを求めた。夏みかんの匂いに元気づけられたものの，水色の新しい虫取り網をかかえた男の子が近づいてくる。松井さんをせかして，女の子のちょうも，無事に小さな団地の前の小さな野原に帰った。
　白いぼうしのちょうと女の子の同一説は，１匹のちょうの災難からの脱出の話に終わる。別とするほうが，もんしろちょうが群舞し，人と共生する希望の世界が広がる。

（中洌正堯）

【注】
1）中洌正堯（1995）『物語的文章の学習指導の工夫』，大阪書籍（教授資料）
2）中洌正堯（2010）「劇を演出する読み」『国語教育探究』第23号，国語教育探究の会
3）中洌正堯（2013）「文学的な文章・何をどう読むか」『国語教育探究』第26号，国語教育探究の会
4）木村勝博（2003）『テクスト論と五つの相互作用』，郁朋社

1章

「深い学び」を実現する文学教材の学習課題と授業づくり

1 文学教材の学習課題とアクティブ・ラーニング

1．文学の授業やアクティブ・ラーニングに関するこれまでの提案の整理

　次期学習指導要領の骨格をなすアクティブ・ラーニング（以下，ALと略称）を，国語科の「読むこと」の学習で「深い学び」につなげる有効なツールとするためには，「良質な学習課題」が重要であると断じた[1]。

　ALが脚光を浴びる以前まで私は，学習者の「深い考え」や「深い学び」に焦点化した「良質な学習課題」の実践的な研究に努めてきたといってよい。もちろん，元小学校教員であったこともあり，一単位時間内で「考える」⇒「深く考える」ための手だてを考えることも忘らなかったつもりである。

　ここで，これまでに「読むこと」，とりわけ，文学の授業での数々の提案やALに関する提案を整理し，ALを取り入れた文学の授業での「新たな授業の姿」を提案してみたい。

(1) 人物の心情を直接問わない文学の授業

　「なぜ…」「どうして…」と人物の心情を直接問うことに違和感を覚えたのは，小学校教員時代である。いつもそう問われる学習者は，それらは教師からの「マンネリの問いかけ」と受け取り，指導する教師にとっては，極端にいえば，教材研究の必要がない発問と気づき始めたのである。

　そこで，「人物の心情を直接問わない」文学の授業を心がけた。この場面での人物の「心の色は何色ですか…？」，○場面と△場面の会話文は，「同じように読んでもいいのでしょうか…？」などといった実践である[2]。

(2) 発問の類型

　発問を大別すると，「一問一答型」発問と，「一問多答型」発問であろう。「一問一答型」発問を私流の言葉で「小さな発問」，「一問多答型」発問を「大きな発問」とした。その上で，「一問多答型」発問の「一問」は，あくまでも「逸問（すぐれた発問）」でなければならないとした。

　心がけるのは，「大きな発問」ではあるが，「小さな発問」にもその意義を見出し，「大きな発問」をさらに発展させたのが，以下の図式である[3]。

```
●小さな発問──・確認する発問（⇒確かめる読み）
●大きな発問─┬・広げる発問（⇒俯瞰する読み）
            └・深める発問（⇒新たな意味を形成する読み）─┬・刺激的な発問
                                                      └・「判断」でしかける発問
```

(3) 一単位時間内での対話活動

「主体的・対話的・深い学び」の3要素が求められるALが導入される以前から私は，一単位時間内で以下の三つの対話活動を位置づけてきた[4]。

(1)個の読み（テクストとの対話）
(2)場での交流（他者との対話）…同質の他者，異質な他者との交流（1対1，小集団，集団）
(3)個のまとめ（自己との対話）

この「読むこと」での基本的な学習指導過程にALを取り入れることには，それほど多くの障害はなかった。むしろ，「判断のしかけ」による良質な学習課題で「個の読み」を促し，学級の実態に応じた学習形態での他者との交流を経て，他者の考えを柔軟に「個のまとめ」に取り込めることにより「深い学び」への道筋がさらに明らかになったと言ってよい。「個のまとめ」に至るまでの過程での「自己決定の可視化」というツールを得たことは，ALによる効果と言ってよいだろう。この点については，後述する。

(4) 「主役（主人公）」⇔「脇役」の関係から見えてくる物語世界[5]

「読解」という名のもとで展開される文学の授業に，いささか窮屈さを感じていたのは事実である。「読解」とは，字義の通り，「読み解く」ことである。「読」には，音読という意味も含まれてはいるが，読み深めるという意味の方が勝っていると言ってよいだろう。

私も例にもれず，「読み深める」文学の授業を目指していたことは確かである。しかし，もっと，物語世界で遊び・楽しみ，その上で，物語世界に浸り，そして，「納得解」とも言うべき，自分なりの「新たな読み」を創造していくべきではないのか，ということに気づいたのは，物語での「脇役」の存在にスポットを当て始めてからである。

物語の授業で読み取らせるべきは，中心人物（視点人物）の心情や心情の変化であろう。とはいえ，その中心人物の心情や心情の変化に大なり小なり影響を与えているのは，その他の人物，つまり，脇役の存在である。さらに言えば，物語をドラマチックにするのは，脇役の存在であることが多いのである。そういったことに気づいた時，見えてきたのは，以下の物語世界である。

A　物語世界で「遊ぶ」
B　物語世界に「浸る」
C　物語世界を「創る」

詳述は避けるが，山元隆春（2014）がダグラス・ヴァイポンドとラッセル・ハントの研究を参照して示した「読みにおける三つの様式」〈(1)情報駆動の読み　(2)物語内容駆動の読み　(3)要点駆動の読み（＝対話的な読み）〉[6]と重なる部分がある。

(5) 文学教材での良質な学習課題のバリエーション[7]

以下の学習課題のバリエーションは，第129回全国大学国語教育学会（西東京大会）で大島

光と共同で発表した「文学教材で,学習者に『判断』をうながす『仕掛け』のバリエーション」が初出である。

【解釈を問う学習課題】
1) どちらが○○か。⇒その根拠と理由は。
2) どの程度か,どれくらいか。(スケーリング)⇒その根拠と理由は。
3) 一番はどこ(どれ)(だれ)か。⇒その根拠と理由は。
4) どの順番か…。(順位は…)⇒その根拠と理由は。
5) どんな音が聞えるか,どんな色が見えるか。⇒その根拠と理由は。
6) どう読めばいいのか…? どう聞えてきたか。⇒その根拠と理由は。

【論理・関係性(つながり)を問う学習課題】
7) どちら(どれ)が適当か。⇒その根拠と理由は。
8) ○○に,どの言葉を入れるのが適当か。⇒その根拠と理由は。
9) もしも,○○でなかったとしたら。⇒その根拠と理由は。

【教材を「評価」する学習課題】
10) いるか・いらないか。(よかったか・よくなかったか)⇒その根拠と理由は。

　本書に収めた文学24教材の学習課題は,このバリエーションを基本としている。が,最大限に教材の特性を生かすことを目的としているため,柔軟な実践を心がけている。

(6) 「深い学び」に培い,「社会性」を育む「可視化」を核としたAL[8]

　「深い学び」は学習者の学力向上に直結する。他者の考えを柔軟に受け入れることは,「生きる力」に直結する「社会性」を育むことになる。自分の考えにこだわりながらも,他者の考えとの類似性や相違性を意識させることは,「深い学び」に導き,「社会性」を育む要因となる。

　そのために必要なことは,学級全員の考えの「可視化」である。「判断のしかけ」による自分の考え(自己決定)の可視化,他者の考えの可視化により,お互いが刺激し合い,考えを共有し合うことになる。また,交流後の「自己決定の再検討」などの可視化に有効なツールとして,ALが機能的な役割を果たすことになる。「自己決定の再検討」の可視化は,「納得解」の具体像である。

2.「主体的・対話的で深い学び」を実現させる「判断のしかけ」による学習課題とALの構図

　以上の(1)〜(6)の提案を,「主体的・対話的で深い学び」を実現させる「判断のしかけ」による学習課題とALの「新たな授業の姿」を示すと次のような構図となる。

三つの物語世界　⇔	良質な学習課題⇒	「深い学び」「社会性」が身に付く AL ―単位時間の授業の流れ―
A　物語世界で「遊ぶ」 ・情報駆動の読み ↓ ・**確認する発問（→確かめる読み）**		1　個の読み（テクストとの対話） 　…学習課題 　→「考える」 　⇒**自己決定の可視化（AL）**
B　物語世界に「浸る」 ・物語内容駆動の読み ↓ ・**広げる発問（→俯瞰する読み）**	★文学教材での**良質な学習課題**のバリエーション（「**脇役発問**」を含む） （前述「1 －(5)」を参照）	2　場での交流（他者との対話） 　…**同質の他者，異質な他者との交流** 　（1対1・小集団・集団での AL）
C　物語世界を「創る」 ・要点駆動の読み（＝対話的な読み） ↓ ・**深める発問（→新たな意味を形成する読み）** 　……刺激的な発問 　……「判断」でしかける発問		3　個のまとめ（自己との対話） 　…1 活動での**自己決定の再検討** 　→「深く考える（深い学び）」 　⇒**自己決定の再検討の可視化（AL）** 　⇒社会性の育成 　↓↓ 　**納得解**

　「三つの物語世界」と「良質な学習課題」との関係は，⇔の矢印が示す通り，「良質な学習課題」と「広げる発問（→俯瞰する読み）」「深める読み（→新たな意味を形成する読み）」との双方向の関係にある。教材の特性を見極め，物語世界に浸り，創るためには，どのような学習課題が必要なのか。また，良質な学習課題の具体が，物語世界に浸り，創ることにどのように貢献できるかということである。

　また，「良質な学習課題」と「『深い学び』『社会性』が身に付く AL」との関係は，学習課題の「質」そのものが，「自己決定の可視化」により他者に刺激を与え，同質の他者や異質な他者との交流の活性化を促すことになる。

　こういった交流を経て，再度，「自己決定の再検討」を促し，可視化させることにより，「個のまとめ」の中で，他者の存在が際立ち，「社会性」が育まれていくことになる。

　こういった基本的な構図は，説明文の理論編を担当する正木友則の論にも相通じるものである。正木友則の論では，説明文の「筆者概念」と「判断のしかけ」とにシフトした AL 論を展開する。

3．「主体的・対話的で深い学び」を実現させる「判断のしかけ」による文学教材の学習課題と AL の実際―「モチモチの木」の場合―

(1) 教材の特性

「全く，豆太ほどおくびょうなやつはいない。」から始まり，「それでも，豆太は，じさまが元気になると，そのばんから，『じさまぁ。』と，しょんべんにじさまを起こしたとさ。」で終わるこの物語のテーマは，この構造自体にあると言ってよいだろう。つまり，「豆太は，変わったのかどうか」ということである。

通常の授業では，この「変わったのかどうか」ということを，直接学習課題にすることが多い。が，果たして，それが「良質な学習課題」と言えるだろうか。

脇役的存在の「じさま」や「医者様」が，この物語にどのように関わっているのかを見落とすことができない。脇役的存在のこれらの人物や主人公である豆太からも迫り，教材の特性を生かした柔軟な授業を展開してみたい。

(2) 「判断のしかけ」による学習課題と AL の実際

紙幅の関係で，主な学習課題のみを取り上げる。

① 【学習課題】じさまは，豆太の臆病さを変えたいと思っているのだろうか…？（A・Bのどちらの立場に立つかを決め，個人用ネームプレートを黒板に貼り，交流する。）

　A　思っている（　　）
　B　思っていない（　　）

【その根拠と理由】

② 【学習課題】豆太は，自分の臆病さを変えたいと思っているのだろうか…？（A・B・Cのいずれの立場に立つかを決め，個人用ネームプレートを黒板に貼り，交流する。）

　A　思っている（　　）
　B　思っていない（　　）
　C　どちらでもない（　　）

【その根拠と理由】

　　↓　　↓　　↓

▼もう一度たずねます。「豆太は，自分の臆病さを変えたいと思っているのだろうか…？」（交流後に「自己決定の再検討」を行う。考え（読み）が変わった学習者は，個人用ネームプレートを張り替える。）

【個のまとめ】（考えが変わった理由等を書く。）

③【学習課題】じさまの病気は，仮病ですか…？（A・Bのどちらの立場に立つかを決め，個人用ネームプレートを黒板に貼り，交流する。）
　A　仮病だと思う（　　）
　B　仮病ではないと思う（　　）

【その根拠と理由】

▼もう一度たずねます。「じさまの病気は，仮病ですか…？」（交流後に「自己決定の再検討」を行う。考え（読み）が変わった学習者は，個人用ネームプレートを張り替える。）

【個のまとめ】（考えが変わった理由等を書く。）

その他，以下のような学習課題が考えられる。
④【学習課題】豆太は，医者様とじさまのどちらの言葉を信じたのだろうか…？
⑤【学習課題】豆太は，来年の霜月二十日の晩に，モチモチの木に灯りが灯るのを，一人で見ることができると思いますか…？

4．結語

「判断のしかけ」を取り入れたALで，「主体的・対話的で深い学び」を実現させるためには，「良質な学習課題」と「自己決定の可視化」が重要である。これまでに見られなかった生き生きと活躍する学習者の姿を思い描きながら稿を閉じる。

（長崎伸仁）

【注】
1・4・8）①長崎伸仁（2016）「アクティブ・ラーニングで，『深く考える』学習を」長崎伸仁・石丸憲一他『アクティブ・ラーニングを取り入れた国語授業』，東洋館出版社
　②長崎伸仁（2016）「『判断のしかけ』を取り入れたアクティブ・ラーニングの学習課題と授業づくり」『教育科学国語教育NO．799』，明治図書
2）長崎伸仁（2016）「人物の心情を直接問わない文学の授業」長崎伸仁他編『「判断」をうながす文学の授業』，三省堂
3）2）と同じ。その他，長崎伸仁×桂　聖（2016）『文学の教材研究コーチング』，東洋館出版社
5）長崎伸仁・長崎ゼミナール（2016）『物語の「脇役」から迫る　全員が考えたくなるしかけ発問36』，東洋館出版社
6）山元隆春（2014）『読者反応を核とした「読解力」育成の足場づくり』，渓水社
　　ここでは，「情報駆動の読み」を「読者の主な目的が，作品から学んだり，情報を取り出すことにある読みのこと」，「確認するための『読み』」としている。「物語内容駆動の読み」は，「読者は作品の叙述の細部にあまり注意を払わず，物語の出来事，登場人物，設定に没入することになる」としている。そして，「要点駆動の読み」については，他の二つの様式とは質が異なり，「読みつつある文章の枠を超える読みであり，筆者（作者）と読者との協働によって成り立つ読み」だとしている。
7）1）①，3）と同じ。

2　文学教材の学習課題とアクティブ・ラーニングの授業づくり

1年

① MVPは誰だ？

教材名　「おおきなかぶ」（光村図書・東京書籍・教育出版・学校図書・三省堂）

1．学習課題

> かぶを引っぱった登場人物の中でMVPは誰かな？

課題の工夫

本教材は，6人の登場人物が出てきて，大きなかぶを抜くために力を合わせる物語である。単調な繰り返しが続くが，その中で一番頑張った登場人物を話し合って決めるという判断のしかけを取り入れた。

単元名

かぶを引いた登場人物の中でMVPを考えよう。

単元のねらい（目標）

場面の移り変わりに応じた，主人公の心情を読み取ることができる。

教材の特性

おおきなかぶには登場人物が6人いる。登場順にだんだんと力が弱くなっていくのが特徴である。その間の行間を読んだり，自分の考えや思いを積極的に表現させたりする活動を行うことで，児童が登場人物の行動や心情の変化に迫っていけるようにした。

単元の概要

かぶを引っぱった登場人物・順番の必然性を確認し，この6人で引くことのよさを考える。本時では6人の登場人物の中で一番頑張った「MVP」を決める。最後に物語の続きとして，おじいさんは抜けたおおきなかぶをどうしたかを考える。

単元指導計画　全5時間

第1次　「おおきなかぶ」の大体を読もう　　　　　　　　　　　　　　　　　　　　（1時間）
　①「おおきなかぶ」ってどんな話？（1文感想にまとめる）

第2次　「えっ…？」「そうか！」「すごい!!」という世界に浸ろう　　　　　　　　（3時間）
　②かぶを引く順番はこれでよかったのかな？
　③「こんな人呼ぶの…？」とびっくりしたところはあったかな？
　④6人の登場人物の中で，一番頑張った「MVP」は誰かな？　　　　　　　　　　本時

第3次　かぶが抜けた後，おじいさんはおおきなかぶをどうしたのか考える　　　　　（1時間）
　⑤かぶが抜けた後，おじいさんはおおきなかぶをどうしたのかな？

2．授業展開（第4時／5時間扱い）

　6人の登場人物の中で一番頑張った「MVP」を誰にするかを話し合う。黒板にネームプレートを貼り，グループ・全体で交流する。その後，交流を通して意見が変わった児童は，黒板のネームプレートを貼り替え，振り返りをまとめる。

導入（5分）　前時の学習の振り返りをする。

T：前の授業では，「へぇっ，こんな人を呼ぶんだ」と，びっくりしたことについて考えました。今日は登場人物についてさらに深めていきましょう。

展開（35分）　6人の登場人物の中で一番活躍した「MVP」は誰か，話し合う。

T：さて，6人の登場人物の中でかぶを抜くのに一番頑張ったのは誰でしょうか。「MVP」を決めましょう。（自分の意見を考え，理由をワークシートに書く）

T：それでは，黒板に書かれている登場人物から1人を選んで自分のネームプレートを貼りましょう。（6人の登場人物のうちの1人にネームプレートを貼る）

T：隣の人と話し合いましょう。「どうしてかというと」を使って理由も説明しましょう。（ペアで意見を交流させる）

T：それでは，みんなの前で「ぼく・わたしのMVP」を発表しましょう。

C：ぼくはねこだと思います。どうしてかというと，かぶが抜ける直前にねずみを呼んできたのがねこだからです。

C：わたしはねずみだと思います。どうしてかというと，ねずみが助けに来てくれて最後にかぶが抜けたからです。

C：ぼくはおじいさんだと思います。どうしてかというと，おじいさんが種を植えてずっとかぶを育ててきたからです。

C：わたしはおばあさんだと思います。どうしてかというと，おじいさんに呼ばれて嫌がらずに手伝ったから，それにみんな続いたからです。

T：それでは，みんなの意見を聞いて自分の意見が変わった人は，黒板のネームプレートを貼り替えましょう。そして，最後の意見をワークシートに書き込みましょう。

まとめ（5分）　自分の意見をもち，友達の意見を聞くことができたかをワークシートの振り返りの欄に書き込む。

T：今日の振り返りをワークシートにまとめましょう。

> **ALのポイント**　6人の登場人物の中で誰を選んだとしても，その理由をしっかりともてていればそれを認めてあげたい。交流の形態も工夫する中で，多様な意見を引き出していく。また，友達の意見を聞いた上で，最後に「やっぱりこっちかな？」という考えの変容も学習の深まりとして捉えていきたい。

②一緒に遊びたかったのはくじらぐも？ それとも，子どもたち？

教材名 「くじらぐも」（光村図書）

1．学習課題

> くじらぐもと子どもたちで，どちらの方が遊びたい気持ちが強かったのかな？

課題の工夫
「一緒に遊びたかったのはどっち？」と，選択肢を設け，判断させる課題を設定した。児童は，文章全体の叙述から，自分の考えの根拠と理由を述べ合うだろう。低学年で重要視されている想像力を働かせながら，読みを深めていくことが期待できる。

単元名
場面の様子を想像して，ファンタジーの世界に浸ろう。

単元のねらい（目標）
場面の様子を想像しながら，自分と友達の考えを比較し，表現することができる。

教材の特性
本教材はファンタジー作品であり，登場人物の行動や出来事が中心に描かれている物語である。繰り返し表現も多く，児童は場面の様子を想像しながら，作品を味わうだろう。

単元の概要
くじらぐもと子どもたちのやり取りに注目し，基本的には判断を促す（選択肢を設ける）発問で，児童の思考を活性化させる。第2次で読み深めた内容を，第3次に生かし，表現活動へと発展させる。授業が進むにつれて，螺旋的に学びが深まることが期待できる。

単元指導計画 　全6時間

第1次 「くじらぐも」のお話を想像しよう　　　　　　　　　　　　　　　　（1時間）
　①くじらぐも役・子どもたち役・先生役・語り手に分かれて，音読する。

第2次 くじらぐもと子どもたちの関係を読み取ろう　　　　　　　　　　　　（4時間）
　②どうして，くじらぐもは真似を繰り返したのかな？
　③くじらぐもは，どうして子どもたちを空へ誘ったのかな？
　　（子どもが好きだから／一緒に遊びたいから／空に来てほしかったから）
　④くじらぐもと子どもたちで，どちらの方が遊びたい気持ちが強かったのかな？　**本時**
　⑤くじらぐもは，再び子どもたちの前に現れるかな？（現れる／現れない）

第3次 読み取ったことを自分の言葉で表現しよう　　　　　　　　　　　　　（1時間）
　⑥子どもたちになりきって，お家の人に今日の出来事を伝えよう。

2．授業展開（第4時／6時間扱い）

　前時までに読み取った「くじらぐもの子どもたちに対する思い」を生かし，さらに読みを深めていく。物語全体の叙述から想像力を働かせ，個々の読みを表現させたい。

導入（5分）　前時までをふり返り，課題を提示する。

T：昨日までの授業で，くじらぐもがどうして真似を繰り返したのか，そして，子どもたちをどうして空へ誘ってきたのかを考えましたね。

C：くじらぐもは，本当に子どもたちと遊びたかったんだよ。

C：子どもたちが空に行ってからは，くじらぐもは，とても気合いが入って，いろいろなところに連れていってくれたもん。

T：でも，遊びたかったのは，くじらぐもだけだったのかな？　子どもたちもじゃないかな？　くじらぐもと子どもたち，どっちの方が遊びたい気持ちが強かったと思う？

展開（30分）　自分の考えを選択し，根拠と理由を交流する。

T：では，どちらの方が遊びたい気持ちが強かったのかを考えながら，1人で教科書を静かに読んでみましょう。（黙読する）読み終わった人は，ワークシートにどちらかを選んで，「なぜなら～」という言葉を使って理由も書きましょう。

C：どちらも同じくらい遊びたかった気もするなあ。どちらかを選ぶのって，難しい。

T：では，黒板に自分のマグネットを貼りに来てください。自分の選んだ方に貼りましょう。おっ，A君はどうして「くじらぐも」の方にしたのかな？

C：僕は，何度も子どもたちがジャンプしていた時に，いっぱい応援していたから，それだけ一緒に遊びたい気持ちが大きかったんだと思ったんだ。

C：私は，最初に「ここにおいでよう。」って誘ったのは子どもたちだから，きっと，くじらぐもよりも気持ちは強かったと思うな。

C：くじらぐもは，最後に「げんきよく，青い空のなかへかえっていきました。」ってあるから，一緒に遊べてとても満足したんじゃないかな。ニコニコしてそう。

C：くじらぐもの背中に乗って遊んでいる子どもたちの絵（挿絵）がとても楽しそうだよ。

まとめ（10分）　今日の学びをふり返る。

T：みんなの意見を聞いて考えが変わった人はいますか？　さあ，今日の学びをふり返りましょう。ワークシートに，今日，「なるほど！」と思った友達の考えと，どんなことが「勉強になったなあ」と思ったのか，まとめましょう。

ALのポイント　低学年の学習は，まず，自分の立場をはっきりとさせることが重要である。マグネットを黒板に貼らせ，可視化することで，学級全体での交流が活発になるよう工夫している。自分の考えと友達の考えを比較させることで，学びはぐっと深まるだろう。

③エルフへの大好きレベルを考えよう

教材名 「ずうっと，ずっと，大すきだよ」（光村図書）

1．学習課題

> 死んでしまったエルフへの大好きレベルは変わっただろうか？

課題の工夫

1年生のこの時期には，「登場人物の心情を直接問う発問」に抵抗を感じる児童は少なくない。そこで，5個のハートの数を塗って，主人公の心情を「大好きレベル」で表す活動を取り入れる。その変化を場面ごとに読み取りやすくなるように工夫した。

単元名

主人公のエルフに対する心情の変化を読み取ろう。

単元のねらい（目標）

場面の移り変わりに応じた，主人公の心情を読み取ることができる。

教材の特性

本教材は，飼い主の主人公と犬のエルフの成長物語である。主人公のエルフへの愛情は，老いても死んでしまっても減るものではない。児童は，その点に気づきにくい。そこで，主人公のエルフへの愛情の変化を場面ごとに「大好きレベル」を用いて読み取らせる。

単元の概要

場面ごとに主人公のエルフへの大好きレベルを考え，理由を交流させる。エルフの死後の主人公の愛情の変化をおさえ，物語を通しての主人公・主人公の家族の心情の変化をグラフに簡単にまとめる。最後に，主人公になりきって，天国にいるエルフに手紙を書く。

単元指導計画　　全6時間

第1次　「ずうっと，ずっと，大すきだよ」の大体をつかもう　　　　　　　　　　（1時間）
　①「ずうっと，ずっと，大すきだよ」ってどんな話？（1文感想にまとめる）

第2次　エルフへの気持ちを大好きレベルで表そう　　　　　　　　　　　　　　（4時間）
　②・③第1・第2場面における主人公のエルフへの大好きレベルを考えて，比べよう。
　④第3場面でエルフが死んでしまって，主人公のエルフに対する大好きレベルは変わったのかな？　変わらなかったのかな？　　　　　　　　　　　　　　　　　　　　　**本時**
　⑤主人公・主人公の家族へのエルフへの気持ちの変化を簡単にグラフにまとめよう。

第3次　天国にいるエルフに手紙を書こう　　　　　　　　　　　　　　　　　　（1時間）
　⑥主人公になりきって天国にいるエルフに手紙を書こう。

２．授業展開（第4時／6時間扱い）

　エルフが死んでしまった後の主人公の心情は変わったか，変わらなかったかの理由を考える。黒板にネームプレートを貼り，グループ・全体で交流する。その後，交流を通して意見が変わった児童は，黒板のネームプレートを貼り替えて振り返りをまとめる。

導入（5分）　前時までのエルフの状況を確認する。

- Ｔ：前の時間では老いてしまったエルフへの大好きレベルを考えました。今日は，エルフの様子がさらに変わっていきますよ。

展開（35分）　エルフが死んでしまって，主人公のエルフに対する愛情が変わったかどうか話し合う。

- Ｔ：エルフがついに死んでしまいました。挿絵の様子を見て気づいたことはありますか。隣の子とペアになって話し合ってみましょう。
- Ｃ：なんか悲しそう。　Ｃ：みんな泣いているね。
- Ｔ：そうだね。では，エルフが死んでしまって，主人公のエルフに対する大好きレベルは変わったでしょうか，変わらなかったでしょうか。（ワークシートに書き込む）
- Ｔ：それでは，どちらなのか，自分の名前を黒板に貼りに行きましょう。
- Ｃ：（自分の考える方にネームプレートを貼る）
- Ｔ：では，「変わった」に貼った人から意見を発表してください。必ず「どうしてかというと」を使って理由も説明しましょう。
- Ｃ：私は，大好きレベルは変わったと思います。どうしてかというと，死んでしまってもう一緒に遊べないからです。
- Ｃ：私は，大好きレベルは変わらないと思います。どうしてかというと，生きている時にたくさん「ずうっと大すきだよ」と言ってあげていたから，今もその気持ちは変わらないからと思ったからです。
- Ｃ：ぼくは，大好きレベルは変わらないと思います。どうしてかというと，死んでしまってもエルフは心の中に生きているからです。
- Ｔ：それでは，みんなの考えを聞いて自分の意見が変わった人は，黒板のネームプレートを貼り替えましょう。そして，その意見をワークシートに書き込みましょう。

まとめ（5分）　自分の考えをもち，友達の意見を聞くことができたかを，ワークシートの振り返りの欄に書き込む。

> **ALのポイント**　読者である児童が自分の考えをもって主人公の心情に迫り，より深く読もうとする姿勢を養いたい。そのために，ペア交流から始め，全体の交流に至るまで，互いに影響を与え合いながら，多様な意見を引き出していく。

④たぬきが糸車で糸をつむいでいたのは、いたずらか？ いたずらじゃないか？

教材名 「たぬきの糸車」（光村図書）

1．学習課題

> たぬきが冬の間，糸車で糸をつむいでいたのは，いたずら？

課題の工夫

たぬきは，おかみさんのために糸をつむいだのか，それともいたずらで糸をつむいだのかを問い，判断をうながす。さらに，おかみさんときこりとの会話を想像させることで，登場人物の気持ちの変化を，物語全体を通して考えられるようにする。

単元名

ペープサート劇でお話を楽しもう。

単元のねらい（目標）

おかみさんとたぬき，きこりとの会話を考え，ペープサート劇で表現することができる。

教材の特性

いたずらばかりしているたぬきが，おかみさんの優しさに触れ，行動に変化が表れていく様子が描かれている。また，おかみさんとたぬきや，きこりとの会話がないため，「もし，話をしたら」と会話文を考えさせることで，おかみさんの心情をより深く考えさせる。

単元の概要

わなをしかける場面とたぬきを見送る場面でおかみさんときこりの会話を考えさせる。さらに，考えた会話を本文に盛り込み，ペープサート劇にして表現につなげる。

単元指導計画　　全7時間

第1次　物語の大体をつかもう　　　　　　　　　　　　　　　　　　　　　　（2時間）
　①・②「たぬきの糸車」ってどんな話？（挿絵を並べ替え，物語の大体の内容をつかむ）

第2次　登場人物が話したことを考え，おかみさんの気持ちを読み取ろう　　　（3時間）
　③わなをしかけた時，きこりとおかみさんはどのような話をしていた？（吹き出し）
　④わなから逃がしてもらったたぬきとおかみさんは，どのような話をしていた？（吹き出し）
　⑤たぬきが冬の間，糸車で糸をつむいだのは，いたずら？（いたずら／いたずらじゃない）
　　たぬきを見送った後，おかみさんときこりはどのような話をしていた？（吹き出し）**本時**

第3次　ペープサート劇でお話を楽しもう　　　　　　　　　　　　　　　　　（2時間）
　⑥・⑦自分が好きな場面を選び，会話を考えてペープサート劇をつくろう。

2．授業展開（第5時／7時間扱い）

導入（5分）　登場人物の人間関係を板書で確認する。

T：きこりは，たぬきのことをどう思っているのかな？　また，それはどうしてかな？
C：いたずらばかりするから，にくたらしい。たぬきじるにしたい。
T：おかみさんは，たぬきのことをどのように思っているのかな？
C：はじめは，にくたらしいって思っていたけれど，だんだんたぬきがかわいくなってきた。
T：たぬきは，きこり夫婦のことをどのように思っているのかな？
C：おかみさんは，逃がしてくれたから優しい。きこりは，わなをしかけたから怖い。

展開（30分）　たぬきが糸をつむいだのは，いたずらかどうかを判断し，話し合う。

T：たぬきが冬の間，糸車で糸をつむいでいたのはいたずら？
　　（A）いたずら　（B）いたずらではない
　→ネームプレートを黒板に貼らせて全員の立場を確認する。　　第1判断　A：○人　B：○人
　→自分の考えをペアで話し合う。　→自分の考えを学級全体で話し合い，共有する。
C：「まいばんのようにいたずらをしていた」って書いてあるから，糸をつむいだのもいたずらだと思う。（A）
C：たぬきは，おかみさんがしていたとおりに糸をたばねていたから，いたずらではないと思う。わなから逃がしてくれたお礼に糸をつむいだんじゃないかな。（B）
C：でも，うれしくてたまらないというように帰っていったってことは，いたずらしてうれしかったということだと思う。（A）
C：だけど，いたずらだったら，ぐちゃぐちゃにしておくんじゃないかな。（B）
T：では，話し合ったことをもとに，たぬきが糸をつむいだのは，いたずらか，いたずらじゃないか，もう一度考えてみましょう。　　第2判断　A：○人　B：○人

まとめ（10分）　おかみさんときこりの会話を考え，ペープサートで劇化する。

T：たぬきが帰る時，おかみさんときこりはどのような話をしていた？　きこりの「どうしたんじゃ？」という質問に，おかみさんがどのように答えたか考えてみよう。
C：あのたぬき，いたずらだけでなく，いいところもあるのよ。
C：わたしたちに喜んでもらいたくて糸をつむいでくれたのよ，きっと。

ALのポイント　本時では，学習課題について，はじめに自分の立場を明らかにするため，黒板にネームプレートを貼る。その後，ペアで互いの考えを伝え合い，全員がアウトプットできるようにする。さらに，全体の場で表現させ，最終的に他の意見を聞いてどう考えたのかを判断させることで，考えの広がりや深まりを経験させていく。

2年

①この物語で欠かすことができないのは誰？

教材名 「スイミー」（光村図書・東京書籍・学校図書）

1．学習課題

> この物語の中で，活躍した順に「金・銀・銅メダル」を渡すとしたら？

課題の工夫

この物語の主役はスイミーであるが，脇役として，まぐろ，くらげ，いせえび，見たこともない魚たちなどが多く登場する。主役のスイミーだけでなく，脇役も含め，この物語の中で活躍した人物を考えることで，「スイミー」という物語の面白さに迫ることができるだろう。

単元名

活躍した人物から「スイミー」を読み深めよう。

単元のねらい（目標）

物語の展開に着目し，登場人物の心情を読み深めることができる。

教材の特性

五つの場面は「①スイミーの紹介」「②まぐろの襲撃」「③海の仲間たちとの出会い」「④小さな兄弟との出会い」「⑤大きな魚の撃退」と続き，大きく「＋」→「－」→「＋」と転換する。こうした転換に影響する登場人物に着目することで，物語の面白さを深めることができる。

単元の概要

物語全体を視野に入れ，この物語に登場する脇役たちの存在に気づかせたい。第3次では，物語に欠かせない脇役を紹介する表現活動へとつなげ，自分の考えを深めることが期待される。

単元指導計画　　全6時間

第1次　教材のあらすじをとらえよう　　　　　　　　　　　　　　　　　（2時間）

①物語を「○○が△△して□□したはなし」としてまとめよう。（感想を共有する）

②どの場面のスイミーに，どんな言葉をかけてあげたいか？

第2次　物語の面白さを見つけよう　　　　　　　　　　　　　　　　　　（3時間）

③この物語の中で，変わったことと変わらなかったことは何だろう？

④スイミーが一番幸せだった場面はどの場面？

⑤この物語の中で活躍した順に「金・銀・銅メダル」を渡すとしたら？　　**本時**

第3次　名脇役たちを紹介しよう　　　　　　　　　　　　　　　　　　　（1時間）

⑥スイミーなら脇役たちをどう紹介するかな？（脇役に着目して，その人物像を深める）

2．授業展開（第5時／6時間扱い）

導入（5分）

T：スイミーのお話を読んで，すごいなと思う登場人物はいますか？
C：スイミーだと思います。大きな魚を追い出す方法を考えたからです。
C：小さな魚の兄弟たちだと思います。力を合わせ大きな魚みたいに泳げるようになったからです。

展開（30分）

T：この物語で活躍した人に「金・銀・銅メダル」を渡すとしたら誰にどのメダルを渡しますか？（金・銀・銅メダルを渡したい登場人物を選び，ワークシートに理由も考えて書かせる。黒板のそれぞれのメダルを渡したい人物のところにネームカードを貼る）
C：小さな魚の兄弟たちに金メダルを渡します。大変だったけど，みんなで力を合わせて大きな魚みたいに泳げるようになって，まぐろを追い出したからです。
C：僕も小さな魚の兄弟たちに金メダルを渡します。スイミーだけでは大きな魚を追い出すことはできなかったけど，みんなで協力して小さな赤い魚たちの恨みを晴らすことができたからです。
C：私は，虹色のゼリーのようなくらげだと思います。色が虹色できれいだし，スイミーはきれいな色のくらげを見て，元気になったと思います。
T：まぐろもこのお話で欠かすことができない人物ですか。
C：まぐろが来たから，スイミーは大きな魚を追い出す方法を思いついたと思います。悲しかったけど，最後はみんなで安心して暮らせるようになりました。
C：まぐろが来て，スイミーは仲間がいなくなってしまったから，やっぱり悪者です。
C：スイミーはまぐろから逃げた時に，海の底で素晴らしい生き物を見ることができたから，まぐろが来ていいこともあったと思います。

まとめ（10分）

T：自分の考えが変わった人はいますか。
C：初めは，まぐろにメダルをあげようと思っていなかったけど，銅メダルをあげたいです。まぐろが来たから，スイミーや魚の兄弟たちが協力して，楽しく暮らせるようになったからです。

> **ALのポイント**　誰にどのメダルを渡したいのかを個人で考えた後，黒板にネームカードを貼り，誰がどのような考えをしているのかが分かるように可視化する。まとめでは，交流を通して自分の考えが変わったのかどうかを考えさせることで，もう一度本文に戻り自分の考えを深めることができる。

②きつねは，ひよこ・あひる・うさぎを食べようと思っているかな？

2年

教材名 「きつねのおきゃくさま」（教育出版・学校図書・三省堂）

1．学習課題

> おおかみがおそってこなかったら，
> きつねは3匹を食べようと思っていたのだろうか？

課題の工夫
　きつねの気持ちとその変化を問いたいが，「どんな気持ち」「どう思っている」という発問だと，同じような考えになり思考が深まりにくい。そこで，「食べようと思っているか」という具体的な発問でしかけ，「おおかみがおそってこなかったら」と仮定し，二者択一で判断をさせることで，よりきつねの真の姿に近づくことができ，考えを深めることがきる。

単元名
　登場人物の気持ちになって，考えよう。

単元のねらい（目標）
　場面の様子について，登場人物の行動を中心に想像を広げながら読むことができる。

教材の特性
　同じような場面が繰り返されている。きつねの気持ちが「ころびそうになった」などの行動や「ぽうっと」「うっとり」などの様子ではっきりと表されている。これらに着目して思考することで，登場人物の気持ちの変化を読み取ることができる。

単元の概要
　第1次では，物語の内容を短くまとめさせ，第2次では，判断させる発問に答えさせながら，きつねの気持ちを読み手の立場で考えさせる。第3次では，きつねが食べようとしていた3匹の動物の立場になってきつねの思い出を語らせ，きつねの人物像に迫らせる。

単元指導計画　　全7時間

第1次　1文感想を書いて交流しよう　　　　　　　　　　　　　　　　　　　（1時間）
　①「○○が何して○○した話」をノートやミニホワイトボードに書き，交流しよう。

第2次　きつねの気持ちや気持ちの変化を読み取ろう　　　　　　　　　　　（5時間）
　②〜④「食べたいメーター」を使い，きつねがどれくらい食べたいかを考えよう。③：**本時**
　⑤きつねが笑った理由を考えよう。
　⑥「おきゃくさま」は誰なのかを考えよう。

第3次　きつねおにいちゃんの思い出を語ろう　　　　　　　　　　　　　　（1時間）
　⑦3匹の動物になって，きつねおにいちゃんの思い出を語る座談会を開こう。

2．授業展開（第3時／7時間扱い）

導入（7分）

T：まず，きつねは，ひよこをどれくらい食べたいと思っていたか思い出してみよう。食べたいメーターをいくつにしたか，その理由も説明しましょう。

C：「がぶり」と書いてあるから，5にしました。

T：5以外にした人いますか。

C：4にしました。「やさしい」と言われて，「ぼうっと」なったからそれほどじゃないと思います。

食べたいメーター：1・2・3・4・5

展開（25分）

T：では，あひるをどれくらい食べようと思っていたのか考えてみよう。ひよこの時と同じかな。変わっているかな。

C：3です。「うっとり」と書いてあるからです。ひよこの時は，「ぼうっと」だったので，それより，食べたい気持ちが減っていると思います。

C：ぼくは，最後にまた「まるまる太ってきたぜ」と書いてあるから，5だと思います。その時は，気持ちが優しくなるけど，やはりお腹が空いているんだと思います。

T：友達の意見を聞いて，何か意見がありますか。

C：「それはやさしく」から「それは親切に」に変わっているから，下がっていると思う。

C：でも，それは，疑われたくないから，そうしているんじゃないかな。

C：でも「親切なきつね」を5回も繰り返しているから，ぼくも3だと思う。

C：でも，「はあん。にげる気かな。」ってあるから，まだまだ食べる気は大きいと思う。4くらいは，あると思います。

T：友達の意見を聞いて，自分のメーターが変わりましたか。

C：○○くんの意見を聞いて，メーターが4から3になりました。

まとめ（13分）

最後に，きつねが，ひよことあひるに「まるまる太ってきたぜ。」の後，何と言うか考え，吹き出しに書く。（きつねの絵と吹き出しを用意する）

ALのポイント　数字で表すことで，同じ「食べたい」気持ちでも違いがあり，友達との違いを明確にすることができる。その違いを明確にしながら交流することで，考えを深め主体的な学びとなる。根拠となる言葉が多いため，自分で思考し，また，友達の考えを聞くなど，再思考しやすい。

2年

③「お手紙」の主役は、がまくん？ それとも、かえるくん？

教材名 「お手紙」（光村図書・東京書籍・教育出版・学校図書・三省堂）

1．学習課題

> この物語の主役は、「がまくん」と「かえるくん」のどっちだろうか？

課題の工夫

この物語の主役が、「がまくん」と「かえるくん」のどちらかを考えさせることで、物語の構成や登場人物の言動を手がかりに、読み深めることが期待される。

単元名

登場人物の心の通い合いを読む中で、自分の考えを表現しよう。

単元のねらい（目標）

2人の人物像や関係性を読み取り、それをもとに、自分の考えをもつことができる。

教材の特性

この物語は2人の会話を中心に話が進むため、どちらを主役としても読むことができる。そこで、2人の言動から中心人物を考えることで、物語全体を深く読み取ることができる。

単元の概要

第2次では、登場人物の言動を手がかりに「判断」を促し、物語全体を視野に入れて読み深めさせ、第3次では、表現活動を児童に選択させることで、自分の考えを自由に表現させたい。

単元指導計画　　全6時間

第1次 題名をもとに、自分の読みを表現しよう　　　　　　　　　　　　　　　（1時間）
　①「かえるくんの『お手紙』」と「がまくんの『お手紙』」、どちらがふさわしい？

第2次 登場人物の言動を手がかりに、物語を読み解こう　　　　　　　　　　　（4時間）
　②もし、この3人の中で登場人物になれるとすれば、誰になりたい？
　③「かえるくん」は、「かたつむりくん」に手紙を渡したことを後悔しただろうか？
　④がまくんは「お手紙がもらえると分かった時」と「お手紙をもらった時」のどちらが幸せ？
　⑤この物語の主役は、「がまくん」と「かえるくん」のどっちだろう？　　　　**本時**

第3次 読み取ったことをもとに、自分の考えを表現しよう　　　　　　　　　　（1時間）
　⑥次の活動の中から一つを選び、自分の考えを表現しよう。ア：「がまくん」から「かえるくん」に向けて手紙を書く。イ：「かえるくん」から、もう一度「がまくん」に向けて手紙を書く。ウ：みんなから、「がまくん」と「かえるくん」に向けて手紙を書く。

2．授業展開（第5時／6時間扱い）

導入（5分）

T：このお話の登場人物は誰でしたか？
C：がまくん，かえるくん，かたつむりくんです。

展開（30分）

T：そうでしたね。今日は，「がまくん」と「かえるくん」のどちらがこの話の主役なのか考えます。まず，2人のどちらが主役なのか，ワークシートに○で囲みます。その後に，どうしてそう考えるのかの理由を書きます。最後に自分のマグネットを黒板に貼ります。

T：では，書けたようなので発表しましょう。「かえるくん」を選んだAさんお願いします。
C：かえるくんは，がまくんのためにお手紙を書いたからです。
T：では，Aさん。この人の意見を聞いてみたいという人を指名しましょう。（AがBを指名）
C：僕は「がまくん」を選びました。最初に悲しかったがまくんが最後にはとても幸せな気持ちになって，ハッピーエンドになったからです。（B⇒C以下順次指名）
C：私も「がまくん」を選びました。それは，がまくんがお手紙をずっと待ってて，手紙をもらったのはがまくんだから，題名にも合うと思ってがまくんにしました。
C：「かえるくん」を選びました。主役がいないとお話が成り立たないから，かえるくんがいなかったら，がまくんはお手紙をもらえなくて，ずっと待ったままになるからです。
C：私も「かえるくん」だと思いました。なぜなら，がまくんの不幸せな気持ちを幸せにしてくれたのは，かえるくんだから，かえるくんがいないと困るからです。
C：「がまくん」です。がまくんがお手紙を待って，かえるくんがお手紙を書いたからです。
T：では，友達の意見を聞いて，考えが変わった人はマグネットを裏返して移動させましょう。

まとめ（10分）

T：考えが変わった人の意見を聞いてみましょう。
C：最初は「がまくん」だと思ったけど，「かえるくん」に変えました。理由は，○○さんが言っていたように，かえるくんがいないとお話が成り立たないと思ったからです。
C：私は「がまくん」に変えました。幸せになったのはがまくんだと思ったからです。
T：たくさんの意見が出ましたね。では，振り返りカードを書きましょう。

> **ALのポイント**　判断を促す学習課題によって，学習者同士の考えのズレが生まれ，交流する必然性も生まれる。ALの要点である「思考の可視化」は，自分の考え（「がまくん」か「かえるくん」か）を名前つきのマグネットを用いて黒板に貼ることで可能となる。全体で「共有化」し，交流し，再度交流することで，自分の考えの変容について振り返る機会を大切にしたい。

④「かさのじぞうさま」と「手ぬぐいのじぞうさま」の感謝の気持ちは同じ？

教材名　「かさこじぞう」（東京書籍・教育出版・学校図書・三省堂）

1. 学習課題

> かさをかぶったじぞうさまと手ぬぐいをかぶったじぞうさまの感謝の気持ちは同じ？

課題の工夫
じぞうさまがかぶせてもらったものの違いに着目し、感謝の気持ちの度合いが同じかどうかの判断を促す。児童の考えにズレが生まれ、考えを深めることができるだろう。

単元名
登場人物の心情について、自分の考えを表現しよう

単元のねらい（目標）
場面の様子について、登場人物の行動を中心に想像を広げながら読むことができる。

教材の特性
優しい心をもったじいさまが、過酷な状況に身を置くじぞうさまにかさや手ぬぐいをかぶせる場面や、じぞうさまがじいさまにお礼の品を届ける場面から、それぞれの登場人物の優しさや思いやりのあふれる心情に迫ることができる。

単元の概要
第2次で、「この作品の中で誰が一番優しいか」や「じぞうさまの感謝の度合い」について判断を促し、第3次では、表現活動の複線化を図り、物語の続きを考える。

単元指導計画　　全5時間

第1次　物語の大体と登場人物をつかもう　　　　　　　　　　　　　　（1時間）
　①「かさこじぞう」を「〜が〜した物語」と、短くまとめよう。

第2次　物語の「しかけ」から、人物像を深めよう　　　　　　　　　　（3時間）
　②「とんぼりとんぼり」帰るじいさまの気持ちをハートの色で表そう。
　③「かさのじぞうさま」と「手ぬぐいのじぞうさま」の感謝の気持ちは同じ？　**本時**
　④この物語の中で、一番優しいのは誰かを考えよう。

第3次　物語の続きを考えてみよう　　　　　　　　　　　　　　　　　（1時間）
　⑤ア・イ・ウから表現活動を選ぼう。ア：じぞうさまからじいさまに手紙を書く。イ：じいさまからじぞうさまに手紙を書く。ウ：じいさまとばあさまの会話を考える。

2．授業展開（第3時／5時間扱い）

導入（5分）

T：今日はじぞうさまに着目します。じぞうさまは，じいさまに感謝していたんですね。でも，じぞうさまはみんなかさをかぶれたんですか？

C：1人だけ足りなくて，じいさまの手ぬぐいをかぶせてもらってました。

T：「かさのじぞうさま」と「手ぬぐいのじぞうさま」の感謝の気持ちは同じかな？
ワークシートに書きましょう。書き終わったら黒板に名前のマグネットを貼りましょう。

〈ワークシートの例〉

【りゆう】
（　）おなじくらい
（　）かさのじぞうさまのほうが大きい
（　）てぬぐいのじぞうさまのほうが大きい

展開（30分）

T：書けたみたいだね。それでは発表しましょう。

C：僕は「かさのじぞうさま」が大きくなりました。かさの方が丈夫だし，雪から守ってくれるからです。すごい吹雪で，つららができるぐらいだから。

C：手ぬぐいだと染みて寒そうだし，ちょっとかわいそうです。

C：確かに寒いかもしれないけど，自分のものをくれようとしたじいさまの優しさが嬉しかったと思うから，「手ぬぐいのじぞうさま」の方が大きくなると思う。

C：僕は同じ位にしました。かさと手ぬぐいで，物は違うけれど，寒さから守ろうとしてくれたじいさまへの感謝はどちらも同じくらい大きいと思います。

T：たくさん意見が出たね。じゃあ，今の友達の意見を聞いて，もう一度考えてみましょう。

まとめ（10分）

C：最初は，「かさのじぞうさま」だったけど，「手ぬぐいのじぞうさま」も，じいさまがしっかり結んでくれて，思いがこもっているから，同じくらいに変わりました。

C：かさが足りなかった時に，じいさまがつけている「手ぬぐい」をかけてくれたから，「手ぬぐいのじぞうさま」の方が少し感謝している方に変わりました。

T：次の授業では，それぞれの登場人物になったつもりで物語の続きを考えてみましょう。

ALのポイント　まず，児童はじぞうさまのじいさまへの感謝の度合いが同じかどうかを判断する。その後交流し，他の児童の考えに触れた上で，感謝の度合いを再検討する。この再検討の過程を設けることで，1人では生み出せなかった深い読みへと導くことができる。

①どちらのかげおくりの方が幸せだったのかな？

教材名　「ちいちゃんのかげおくり」（光村図書）

１．学習課題

> ちいちゃんにとって最初と最後のかげおくりは
> どちらの方が幸せだったでしょうか。

課題の工夫

本教材では，物語の最初と最後に家族全員でかげおくりを行っている。二つのかげおくりを比べて，「どちらが幸せだったか」という判断のしかけを取り入れることで，自分の考える根拠と理由を述べることができるだろう。

単元名

最初と最後のかげおくりを比べよう。

単元のねらい（目標）

場面の移り変わりに応じた，主人公の心情を読み取ることができる。

教材の特性

幼いちいちゃんが大切な家族を失い，やがては自分の命までも失ってしまう物語である。児童にとっては初めての戦争教材であるため，語句の説明なども行いながら，作品の世界に読み浸らせ，読みを深めていきたい。

単元の概要

本単元では，毎時間，一貫して複数の選択肢から判断させる活動を設定した。これらの活動を行うことで，児童の思考を活性化させたい。そして，ちいちゃんの心情の変化や戦争の悲惨さを読み取らせていきたい。

単元指導計画　　全６時間

第１次　「ちいちゃんのかげおくり」の大体を読もう　　　　　　　　　　　　　（１時間）
　①「ちいちゃんのかげおくり」ってどんな話？（１文感想にまとめる）

第２次　ちいちゃんの様子の変化を読み取ろう　　　　　　　　　　　　　　　（４時間）
　②ちいちゃんが一番さびしいと思った場面はどこかな？
　③ちいちゃんにとって１場面と４場面のかげおくりはどちらの方が幸せかな？　**本時**
　④「ちいちゃんは『戦争とは〇〇だ』と思った。」の文に入る言葉は何かな？
　⑤５場面の公園の場面は必要かな？　必要でないかな？

第３次　天国にいるちいちゃんに手紙を書こう　　　　　　　　　　　　　　　（１時間）
　⑥天国にいるちいちゃんに手紙を書こう。

2．授業展開（第3時／6時間扱い）

　物語の中にある二つの「かげおくり」のどちらの方が幸せかを考え，交流する。その後，交流を通して意見が変わった児童は黒板のネームプレートを貼り替える。最後に，一番印象に残った友達の意見をワークシートに書き込む。

導入（5分）　前時までを振り返り，課題を提示する。

T：昨日はちいちゃんが一番さびしかった場面はどこかを考えました。今日はかげおくりについて考えます。家族全員でやったかげおくりは全部で何回あったかな？
C：2回です。
C：お父さんが戦争に行く前と，ちいちゃんが死んじゃう前です。

展開（35分）　ちいちゃんにとって，1場面と4場面のかげおくりは，どちらの方が幸せだったかを考える。

T：ちいちゃんにとって，最初の場面と最後の場面のかげおくりはどちらの方が幸せだったでしょうか。考えてみましょう。
C：（自分の意見を考え，理由をワークシートに書く）
T：それでは，1場面か4場面か，自分の名前を黒板に貼りましょう。そして，隣の人と理由も含めて話し合いましょう。
C：（ペアで意見を交流する）
T：みんなの前で意見を発表してくれる人はいませんか。
C：最初の場面だと思います。なぜなら，家族全員で生きてかげおくりができたからです。
C：僕も最初の場面だと思います。最後の場面では，ちいちゃんは何日も何も食べていなくてとてもお腹が空いていたからです。
C：私は最後の場面だと思います。どうしてかというと，辛い思いを何日もした上でやっと天国に行く前に家族のみんなに会えたからです。
C：私も最後の場面だと思います。なぜなら，「きらきらわらいだしました。」と書いてあるし，家族みんなで最後に大好きなかげおくりができたからです。
T：それでは，みんなの意見を聞いて自分の意見が変わった人は黒板のネームプレートを貼り替えましょう。そして，最後の意見をワークシートに書きましょう。

まとめ（5分）　最終判断をし，理由（○さんの意見で…等）をまとめる。

ALのポイント　自分の意見をもちながら，ちいちゃんの心情に迫っていきたい。どちらが正解というものではなく，どちらかを選んで判断することによって，主体的に，より深く読もうとする構えや学習意欲を育てたい。

3年

②昔からの「言い伝え」とおもしろい「歌」，これから，村人が伝えていくのは，どっち？

教材名　「三年とうげ」（光村図書）

1．学習課題

> 村の人たちは，おじいさんの変化を見て，
> 言い伝えに対する考え方が変わったかな？

課題の工夫

　村人たちにとって「言い伝え」は絶対的なもの。おじいさんは，「言い伝え」によって病気になり，それを覆す内容の「歌」によって元気を取り戻す。そのおじいさんの単純明快な変化を見て，村人の考え方が変わったか変わらなかったかを想像し，判断する。

単元名

　村人たちの目に映ったおじいさんの変化を想像しよう。

単元のねらい（目標）

　村人たちの目に映ったおじいさんの変化を想像しながら読み，表現することができる。

教材の特性

　在日二世の再話による朝鮮民話。語りは耳慣れたリズムをもち，特に「言い伝え」「歌」は口ずさみやすい。この二つの対比を軸に，村人たちの視点でおじいさんの変化を捉えたい。

単元の概要

　民話独特の人生観や素朴な論理展開を捉えながら，リズム感のある「言い伝え」と「歌」を音読で味わう。また，ハッピーエンドの結末を，村人視点で，主体的・協働的に読み合う。

単元指導計画　　全6時間

第1次　お話の設定を捉えよう　　　　　　　　　　　　　　　　　　　　　　　　（2時間）
　①「三年とうげ」ってどんなとうげ？（いくつイメージがある？　どんなイメージ？）
　②「おじいさん」ってどんな人？（はじめと終わりのおじいさん，変わったことは？）

第2次　「言い伝え」と「歌」から，お話のしかけを考えよう　　　　　　　　　　（3時間）
　③どう音読したい？　昔からの「言い伝え」と，ぬるでの木の陰から聞こえた「歌」。
　④その後，村人たちは，三年とうげを通る時，どうしただろう？
　　　A：おそるおそる歩いた。　B：転んでも気にしなくなった。　C：わざと何度も転んだ。
　⑤昔からの「言い伝え」とおもしろい「歌」，村人たちが伝えていくのはどっち？　**本時**

第3次　その後の「三年とうげ」を想像して書こう　　　　　　　　　　　　　　（1時間）
　⑥「その後の三年とうげストーリー」を書こう。（どんなとうげになっているかな？）

2．授業展開（第5時／6時間扱い）

導入（5分） 前時の授業を振り返り，村人たちの気持ちの変化を再び想像する。

T：前の授業で，「村の人たちは，おじいさんが元気を取り戻したから，もうこの言い伝えを気にしなくなった」という考えの人が多かったですよね。もう怖くなくなったの？
C：「なんだ！」「転んでも大丈夫だ！」「こんな言い伝えは迷信だ！」って気がついたの。
C：言い伝えなんて，もういらない。村人たちにこんな言い伝えはない方がいいんじゃない？

展開（35分） 「言い伝え」の存在意味を踏まえつつ，村人たちの捉え方を考える。

T：ちょっと待って。言い伝えって，そもそも誰のためにできたもの？　何のため？
C：え？　誰？　みんなのため？　昔の人が考えたの？
T：三年とうげって景色が美しいとうげなのでしょう？
C：え？　どういう意味？
C：「美しい景色に見とれて転んだら危ないよ」という教えが入っているかもしれないね。
C：言い伝えで「転ぶと寿命が縮む」という恐ろしいことを覚えさせると，通る時にみんなが気をつけるようになっていいかもしれないね。
T：では，この言い伝えは（A）やっぱり必要？（B）もう要らない？
　　ペアで考えましょう。　　　　　　　　　第1判断（A）○人（B）○人→ペア対話→全体交流
C：必要だと思う。なぜかというと，昔から守られてきたから。
C：でも，おじいさんの様子を見て，意味がない言い伝えだったってわかったのだから，いらないでしょう。
T：さて，おじいさんを見て，村人たちが伝えていこうと思ったのは，（A）昔からの「言い伝え」と（B）おもしろい「歌」どちらでしょう？　その理由もノートに書きましょう。そして，名前マグネットを黒板に貼りましょう。　第2判断（A）○人（B）○人→全体交流
C：「歌」だと思う。やっぱり，村の人たち，みんなほっとしたはずだから。
C：でも，「言い伝え」は昔から伝わってきたものだからそのまま伝えて，これからも三年とうげを通る人みんなに「転んじゃダメだよ」と注意（忠告）していくと思う。
C：p.58の絵は，村人たちみんなが踊って喜んでいるから，「歌」が残るんじゃないかな。
C：「言い伝え」で注意させながら，転んだ人には「歌」も聞かせてあげるかもしれない。

まとめ（5分） 誰の意見が心に残ったかを，ノートにまとめる。

> **ALのポイント**　ここでは，「言い伝え」の成立の意味も絡めながら，おじいさんの変化を見た村人たちの反応を想像し，論理的に判断する。その過程で叙述と粘り強く向き合い，多様な見方を引き出す。

3年

③女の子に，おにたの本当の姿を伝えた方がいい？

教材名　「おにたのぼうし」（教育出版・三省堂）

1．学習課題

> 女の子に，おにたの本当の姿を伝えた方がいいかな？
> 伝えない方がいいかな？

課題の工夫

三人称客観視点で書かれている物語の構図に着目し，読者の視点で，女の子に，おにたの本当の姿を伝えた方がよいかを判断させる場面を設定する。判断した後に，考えを交流することを通して，おにたと女の子の人物像や心情のズレをより深く捉えさせたい。

単元名

おにたと女の子の心情のすれ違いを読み深めよう。

単元のねらい（目標）

女の子との関係で揺れ動く，おにたの心情の変化を読み取り，考えを表現することができる。

教材の特性

本教材「おにたのぼうしは」の主人公・おにたは，心優しい鬼の子。親切にしても人間に理解されず，深く傷つき，消えてしまう。物事の本質を見る大切さを伝えている教材である。

単元の概要

まず，おにたの人物像を捉える。次に，女の子の母親を想う心情や，女の子の行動や言葉で揺れ動くおにたの心情を，音読学習を通して読み深めていく。その読みを踏まえて，読者の視点で，女の子におにたの本当の姿を教えた方がいいかを判断し，思考を深める活動を設定する。

単元指導計画　　**全6時間**

第1次　物語の見通しをもち，大体を捉えよう　　　　　　　　　　　　　　　（2時間）
　①「おにたのぼうし」という題名からどんなお話が思いつくかな？
　②「おにたは，○○○な子おに」でまとめて書いてみよう。

第2次　おにたと女の子の心情のすれ違いを読み取ろう　　　　　　　　　　　（3時間）
　③女の子の「わたし，さっき，食べたの。あのねえ……。」をどう読む？　それはなぜ？
　④おにたの台詞「おににも，いろいろあるのにな。」（1場面）「おにだって，いろいろあるのに。」（4場面）は同じように読んでいい？　それはなぜ？
　⑤女の子に，おにたの本当の姿を伝えた方がいいかな？　伝えない方がいいかな？　**本時**

第3次　物語の読みを広げて考えよう　　　　　　　　　　　　　　　　　　　（1時間）
　⑥その後のおにたは，どうなったかな？　続きのお話を考えよう。

2．授業展開（第5時／6時間扱い）

導入（10分）　前時までのおにたの心情を音読で振り返る。

T：前の授業で，「人間っておかしいな。おには悪いって，決めているんだから。おににも，いろいろあるのにな。」と，「おにだって，いろいろあるのに。おにだって……。」をどういうふうに読むか考えましたね。もう一度音読し，工夫したところを発表しましょう。

C：「人間っておかしいなぁ。…（以下省略）。」僕は，まこと君の家族に，いくら親切にしても伝わらない悲しさを込めて，フーっとため息するように読みました。

C：「…おにだって…いろいろあるのに…。おにだって……。」私は，母親思いの心優しい女の子にも，鬼のことを理解されない悔しさを込めて，声が震えるように読みました。

T：おにたの悲しい思いがそれぞれ表現されていましたね。

展開（25分）　女の子におにたの本当の姿を伝えるか，伝えないかを判断させる。

T：おにたの本当の姿を，女の子に伝えた方がいいと思いますか？　伝えない方がいいと思いますか？　どちらかにネームプレートを貼り，理由をワークシートに書きましょう。

C：（ネームプレートを黒板に貼り，理由をワークシートに書く）

T：伝えた方がいいという意見が多いですね。伝えない方がいいという意見も少なくないようです。では，それぞれに貼った理由を発表しましょう。どうぞ。

C：僕は，伝えた方がいいと思います。なぜなら，あの優しい女の子なら，おにたの本当の姿が鬼でも，してくれたことを忘れないと思うし，おにたも報われると思ったからです。

T：なるほど。おにたの優しさを伝えることで，人に伝えることができるよね。他には？

C：私は，伝えない方がいいと思います。だって，鬼は悪いって昔から言われているものだし，優しくされても，女の子は，鬼だと知ったら，お母さんの病気が悪くなるかもしれないと落ち込むかもしれないよ。

T：言い伝えを信じているからこそ，伝えない方がいいってことですね。

C：でも，おにたのことを，「きっと神様だわ。」って思った女の子のことだから，鬼だと分かっても，鬼にもいろいろあるんだって分かってくれると思うよ。

T：女の子の人柄からよく考えていますね。とても，いろいろな意見が出ました。では，意見が変わった人は，貼り直しましょう。その理由をワークシートにも書きましょう。

まとめ（10分）　貼り直されたネームプレートを見て，意見を交流する。

> **ALのポイント**　ここでは，伝えた方がよいかの判断から自分の考えを形成し，交流した後，考えを振り返ることがポイント。個の読みを交流することでより深く心情を捉え，主題にも迫っていける。

3年

④最後に，あなぐまにお礼を言ったのは，きつねでもいい？（もぐらでないとダメ？）

教材名 「わすれられないおくりもの」（教育出版・三省堂）

1．学習課題

> あなぐまが残してくれたおくりものの大切さを，
> 一番強く感じているのは誰だろう？

課題の工夫
森の仲間たちには，あなぐまを失った共通の悲しみがある。しかし，あなぐまとの関係や思い出は，少しずつ異なる。この関係性の違いを浮き彫りにするための問いをしかける。

単元名
「あなぐまさん」との思い出を語り合おう。

単元のねらい（目標）
森の仲間それぞれのあなぐまとの関係性の違いに気づき，思い出を語り合うことができる。

教材の特性
題名に，物語を読み解く鍵がある。一人ひとり違う「おくりもの」を受け取った森の仲間たち。仲間たちの台詞が書かれていないので，あなぐまとの思い出を語り合う場を作ることによって，悲しみの深さや「おくりもの」への思いを想像し，再現していくことに意味がある。

単元の概要
あなぐまが残してくれた「おくりもの」は，それぞれのニーズに合った個性的なもの。「おくりもの」のありがたさやそれぞれの思いを語り合った森の仲間たちの様子を想像し，表現する。

単元指導計画　　全5時間

第1次　物語の大体を捉えよう　　　　　　　　　　　　　　　　　　　　　　（2時間）
　①「おくりもの」って何？　いくつあるの？　「わすれられない」ってどういう意味？
　②森の仲間たちの悲しみはどう変わっていく？（場面を明暗メーターで表そう）
　　あなぐまが死んだ朝→冬の始まり→春→最後の雪が消えたころ→あるあたたかい春の日

第2次　仲間一人ひとりのあなぐまとの関係を考えよう　　　　　　　　　　　（2時間）
　③仲間一人ひとりのあなぐまのイメージは同じ？　違う？　Aお兄さん　Bお父さん　C先生　Dその他（四つの円グラフで表そう…A＋B＋C＋D）
　④最後にあなぐまにお礼を言ったのは，きつねでもいい？　もぐらでないとダメ？　**本時**

第3次　あなぐまとの思い出を語り合おう　　　　　　　　　　　　　　　　　（1時間）
　⑤グループで，思い出を語り合おう。（「あなぐまさんのおかげで…」などのように語る）

2．授業展開（第4時／5時間扱い）

　最後の場面の存在価値を考え，そこに登場してお礼を言うのがもぐらであることの必然性を問う。もぐらの思いを書く活動を通して，他の仲間とは一味違うもぐらの心情に迫る。

導入（5分）　最後の場面の必要性を問う。

T：「最後の雪が消えたころ」には「楽しい思い出を話すことができるようになった」のだから，そこでハッピーエンドでしょう？　最後の「あるあたたかい春の日」の場面は，必要？　必要だとしたら，なぜ？　　　　　　　　　　判断　必要○人・不要○人→全体交流

C：なくても，確かにハッピーエンドになる。だけど，悲しみが消えるだけでいいのかな？

C：もぐらは，もっと感謝の気持ちをもってたんだよ。それを表したかったんじゃないかな。

C：この場面がないと，あなぐまへの感謝の気持ちは表せない。だから，必要。

展開（30分）　お礼を言うのが「もぐら」である必然性を問う。

T：最後にあなぐまにお礼を言いに行ったのはもぐらだったけれど，きつねでもいい？

C：うーん。きつねでもいいかも。きつねは，初めにあなぐまの死を知らせた人物だし…。

C：ダメ。ダメ。もぐらが一番でしょう？

T：なぜ，もぐらでなければいけないのでしょう。ペアで考えましょう。　　ペア→全体交流

C：もぐらは，「やりきれないほど悲しくなりました。」とか「なみだは，あとからあとからほおをつたい，もうふをぐっしょりぬらします。」って書いてあるから，仲間の中でも一番悲しかったから。

C：もぐらには，この丘に，何か特別な思い出がある気がする。

C：かえるとかけっこをした時，あなぐまが見に来ていることに気がついていて，もしかしたら，あの時あなぐまに悲しい思いをさせたと思っていたかもしれない。

まとめ（10分）　丘の上でもぐらが考えていた言葉を想像して書く。

T：丘の上で「ありがとう。あなぐまさん。」と言ったもぐらの言葉の続きを想像して，ノートに書きましょう。　　　　　　　　　　　　　　　　　　　個の想像→全体交流

C：「僕は，本当はずっと悲しくて，なかなか元気を取り戻せなかったよ。あなぐまさんは，いつも僕たちのことを見守ってくれてたでしょう？　丘でかえると競争している時も，一緒にいてくれたよね？　でも，森のみんなと思い出を話し合って，ぼくには，みんなとは違う思い出もあると気づいて，感謝の気持ちがいっぱいになったよ。」

> **ALのポイント**　ここでの発問は，深めることを目的とする。もぐらとあなぐまの関係性は，かえる・きつね・うさぎのおくさんとは一味違うことに全員が気づき，感謝の言葉は「ありがとう」だけではないものがあるだろうという推測の筋道に立って，思考を深める。一人ひとりの関係性の違いに着目するきっかけの発問である。

①この物語の題名は，「夏みかん」でもいい？

教材名 「白いぼうし」（光村図書・教育出版・学校図書・三省堂）

1．学習課題

> この物語の題名は「白いぼうし」と「夏みかん」のどちらがいいか？

課題の工夫
題名は，物語の命である。題名である「白いぼうし」は，この物語の大きな「しかけ」であるが，「夏みかん」も印象的である。物語の最後の一文に着目することで，学びが深まるだろう。

単元名
物語の「しかけ」を見つけて，ファンタジー作品を読み深めよう。

単元のねらい（目標）
ファンタジー作品の「しかけ」に気づき，登場人物の心情を読み深めることができる。

教材の特性
本教材は，「白いぼうし」「夏みかん」「女の子」等，物語をドラマチックにする「しかけ」が様々，散りばめられている。これらのしかけに着目した発問をすることで，物語全体を視野に入れながら，松井さんの人物像や心情の変化に迫っていくことができる。

単元の概要
第1次で初読の感想を共有した後は，「夏みかん」「女の子」という物語の「しかけ」をきっかけとして，松井さんの人物像や心情に迫る。第3次で，「女の子は，再び松井さんの前に現れるか？」を考え，松井さんの人物像や物語の構造に迫り，学びをさらに深めたい。

単元指導計画　　全6時間

第1次　物語の大体を捉えよう　　　　　　　　　　　　　　　　　　　　　　　　　　（1時間）
　①「白いぼうし」ってどんな話？（1文感想で初読の感想を共有する）

第2次　物語の「しかけ」に迫ろう　　　　　　　　　　　　　　　　　　　　　　　　（3時間）
　②松井さんが車に「夏みかん」を乗せたのは誰のためかな？
　　（自分のため／お客さんのため／いなかのおふくろのため）
　③女の子は，誰の前にも現れるのかな？（現れる／現れない）
　④この物語の題名は，「白いぼうし」と「夏みかん」のどちらがいいかな？　　**本時**

第3次　松井さんの心を表現しよう　　　　　　　　　　　　　　　　　　　　　　　　（2時間）
　⑤女の子は再び，松井さんの前に現れるかな？（松井さんの人物像を深める）
　⑥松井さんから男の子への手紙を書こう。

2．授業展開（第4時／6時間扱い）

本教材の特性でもある様々な「しかけ」の中から「夏みかん」を取り上げ，主題に迫っていく課題を設定する。「白いぼうし」と比較する中で，物語に込められた思いを深める。

導入（5分）　学習課題を提示する。

T：この物語の題名は「白いぼうし」だけど，先生は「夏みかん」でもいいと思うんだ。最後の一文も「車の中には，かすかに，夏みかんのにおいがのこっています。」だしね。

C：この間の授業でも「夏みかん」が，とても大事な「しかけ」だって分かりました。

T：みんなが作者だったら，「白いぼうし」と「夏みかん」のどっちを題名にするかな？

展開（35分）　物語に込められた作者の思いに迫る。

T：「白いぼうし」と「夏みかん」に注目して，1人で本文を読んでみよう。（黙読する）では，ワークシートに自分ならどちらを選ぶか，考えを書きましょう。（ワークシート）

T：黒板に書かれた二つの題名から，自分の選んだ方にマグネットを貼ってください。

C：僕は，「夏みかん」がいいと思うよ。だって，最初の場面から最後まで「夏みかん」は登場するし，物語の途中に出てくる「まほうのみかん」っていうのも気になる。

C：でも，私はやっぱり「白いぼうし」の方がいいと思う。「白いぼうし」があることで，松井さんと女の子は出会えたし，男の子ともつながったと思う。それに「白いぼうし」と「白いちょう」で「白」がこの物語のテーマみたいに感じる。

T：でも，どうして最後の一文は「夏みかん」なんだろう。てっきり，先生は「白いぼうし」って言葉を使って話をまとめると思っていたんだけどな。

C：前に他の授業でもやったように，「最後の1文はいるのか」ってのを考えたら面白いかも。なかったとしても，物語は成り立つと思うからさ。

C：私は，「もし『白いぼうし』を使って最後の1文を書くならどうなるか？」とかも考えてみたい。考えがもっと深まりそうだよ。

C：やってみたい！！

まとめ（5分）　今日の学びをふり返る。

T：物語には，作者の思いがたくさん込められているのかもしれませんね。では，今日の学びをふり返りましょう。様々な意見が飛び交いましたが，誰の，どの意見に「なるほど」と思ったのか，その理由も含めて，授業の感想をワークシートに書きましょう。

> **ALのポイント**　本時では，物語の大きな「しかけ」でもある「白いぼうし」と「夏みかん」を比較し，考えを深めることで作者が題名に込めた思いに迫っていく。上記の実践は，一斉授業での展開であるが，話し合いの際に，ペア学習やグループ学習を取り入れることで，学びがさらに深まることも期待できるだろう。

4年

②ゆみ子は，お父さんのことを知らないままでいい？知らせてあげたい？

教材名 「一つの花」（光村図書・教育出版・学校図書）

1．学習課題

> ゆみ子に，お父さんからもらったコスモスの花のことや別れの日の出来事を伝えたい？

課題の工夫

ゆみ子には記憶のないお父さんの姿や，別れの日の出来事を，読者（児童）は知っている。それをゆみ子に伝えたいか，伝えるとしたらどのように語りたいかを問い，判断を促す。

単元名

ゆみ子に，ゆみ子が知らないことを伝えてあげよう。

単元のねらい（目標）

ゆみ子に伝えるために，お父さんの行動や心情，題名の意味を深く読み合うことができる。

教材の特性

「一つの花」＝コスモスは，お父さんの愛情の印である。十年後のゆみ子の家の庭もコスモスに包まれている。だが，コスモスに託された思いを，当事者ゆみ子は知らない。物語のこの構造を生かして，伝えるべきお父さんの行動や心情を俯瞰的に読み，題名の意味を吟味したい。

単元の概要

単元全体を通して，お父さんの行動や心情，題名の意味を中心に物語を俯瞰して読み，ゆみ子にお父さんの存在を伝えていないお母さんに代わって，ゆみ子に伝えるための表現に生かす。

単元指導計画　全7時間

第1次　物語の構造を捉えよう　　　　　　　　　　　　　　　　　　　　（1時間）

①戦時中と十年後，ゆみ子の違うところはどこ？　同じところはどこ？

第2次　ゆみ子に語っていないお母さんの立場から考えよう　　　　　　　（4時間）

②ゆみ子は，お父さんのことやコスモスの秘密を知らないままでいい？　　**本時**

③いつかお母さんはゆみ子に，お父さんからもらったコスモスのことを話すだろうか？

　　A：ずっと話さない　B：あと何年かしたら話す　C：本当はすぐに話したい

④お母さんに代わって話すとしたら，お父さんのどんな行動や気持ちを伝えたい？

⑤お母さんに代わって話すとしたら，コスモスの花の秘密を，どのように伝えたい？

第3次　ゆみ子にお手紙を書いて伝えよう　　　　　　　　　　　　　　　（2時間）

⑥・⑦ゆみ子にゆみ子の知らないことを手紙で伝えよう。（→手紙を交流しよう）

2．授業展開（第2時／7時間扱い）

　まず，ゆみ子が知らない過去を，知らないままでよいかを判断する。題名に象徴されるコスモスの花との関わりを含めて再度判断し，意見交流で考えを深めてさらに判断する。

導入（5分）　最後の場面（十年後）のゆみ子の状況を把握する。

T：ゆみ子は，なぜお父さんの顔を覚えてないの？　お父さんがいたことも知らないの？
C：だって，お父さんとお別れした時，ゆみ子はまだ小さすぎて記憶に残っていないから。
T：ゆみ子は何歳くらいだったかな？　　C：2歳か3歳くらい。
T：その頃のことは覚えていないもの？　みんなは，2〜3歳の頃のことはどんな感じ？
C：誰かに「〜だったのよ」と言われて「そうなんだ」と思う。教えてもらわないとダメ。

展開（30分）　ゆみ子にお父さんの存在を知らせたいかどうか判断し，話し合う。

T：ゆみ子はお父さんのことを（A）知らないままでいい？（B）知った方がいい？

　　　　　　　　　　　　　　　　　　　　　　第1判断（A）○人（B）○人→全体交流

C：知った方がいい。なぜかというと，ゆみ子をあんなにかわいがっていたのに，忘れられてしまったら，お父さんがかわいそうだから。
C：知らないままでいい。だって，お母さんが，ゆみ子に話していないのには，何かわけがあると思うから。もしかしたら，暗い戦争の時代を忘れたいのかもしれない。
T：じゃあ，お父さんの立場に立ったら，知らせてあげたい。でも，お母さんは，話せないのかもしれないから，知らせなくていいということ？　なるほど，難しいね。
T：題名は「一つの花」だけれど，戦争に行く日，お父さんがコスモスをくれたことも，それを見て，ゆみ子が喜んだことも，（A）知らなくていい？（B）知ってもらいたい？

　　　　　　　　　　　　　　　　　　　　　　第2判断（A）○人（B）○人→全体交流

C：別に知らなくても，ゆみ子は普通に幸せに暮らしていけるよね。気づかないままで。
C：えー。大事なことだと思うけれどな。コスモスは，お父さんとのたった一つの絆だし…。
T：ヒントは，ゆみ子のすぐ近くにあるのにね…。（よく探してみて！）
C：え？　あ，そうか。庭にたくさんコスモスが咲いてるね。なぜかな？
C：お母さんは，ゆみ子にまだ話せてないけれど，コスモスの花を植えて伝えているのかな。
C：「ゆみ子は，…知らないのかもしれません。でも，」と書いてあるから，ここ大事だね。

まとめ（10分）　意見を聞いて，最終判断をノートに書く。　第3判断（A）○人（B）○人

> **ALのポイント**　物語の仕組みに気づき，読みの方向性を築くことが目的である。児童が，後半を中心にゆみ子の知らない事実を確認し，「自分たちにできることをしよう」と主体的に，より深く読もうとする構えをもつために3回の判断を促し，考えを深め合いたい。

③のぶよにとって，運動会の思い出ベスト3は？

教材名　「走れ」（東京書籍）

1．学習課題

> のぶよの心に残った「思い出ランキングベスト3」を作ろう。

課題の工夫

去年の運動会は，思い出したくないのぶよ。今年の運動会は，それとは異なり，笑顔で終えることができた運動会だった。そこで，印象的な出来事を選択肢にあげ，それらがのぶよにとってどんなランキングになるか思考・判断させることで，のぶよの心情を捉えさせていく。

単元名

のぶよの心情の変化を捉えよう。

単元のねらい（目標）

のぶよの複雑な心情を読み取ることで，その変化を読み取ることができる。

教材の特性

本教材は，のぶよ，弟のけんじ，お母ちゃんが登場する母子家庭一家の運動会の話である。けんじやお母ちゃんの心情の変化や，2人からの声援のおかげで，のぶよは自分らしく走れるようになる。のぶよ視点でけんじやお母ちゃんの心情にも迫り，物語を読み深めたい。

単元の概要

まず，3人にとって昨年と今年の運動会がどんな運動会だったかをまとめ，大体を読む。そして，第2次では，のぶよの心に残った思い出ランキングを考えさせる。第3次では，三人称視点で書かれている教材の特性を生かして，お父ちゃんからの声かけを考えさせることで，のぶよの心情をより一層，読み深めさせていく。

単元指導計画　　全5時間

第1次　運動会に対するのぶよの心情を読み取ろう　　　　　　　　　　　　　　（1時間）
　①のぶよにとって，去年と今年の運動会は「○○（な）運動会」という形にまとめよう。

第2次　のぶよを通して，けんじとお母ちゃんの心の変化を読み取ろう　　　　　（3時間）
　②特製のお弁当は，のぶよ・けんじ・お母ちゃんにとって☆いくつ？（最高5つ）
　③「走れ！　そのまんま，走れ！」は，誰が言ったのだろう？　理由も考えよう。
　④のぶよの心に残った「思い出ランキングベスト3」を考えよう。　　　　　　**本時**

第3次　今年の運動会を振り返ることによって作品をより豊かに読もう　　　　　（1時間）
　⑤もし，お父ちゃんが運動会の様子を見ていたら，のぶよにどんな言葉をかけるかな？

2．授業展開（第4時／5時間扱い）

まず，去年とは違う今年の運動会の出来事を確認する。そして，のぶよにとって，運動会の出来事をランキングにするとしたら，どうなるか考えさせる。

導入（5分）　去年とは違う今年の運動会の出来事を振り返る。

T：のぶよにとって，去年とは違い，今年の運動会ではどんな出来事がありましたか？
C：誇らしく短距離走が走れた。　**C**：けんじとお母ちゃんの声援で走れるようになった。
T：他にはもうない？　**C**：特製のお弁当の割りばし袋に，名前入りの応援が書いてあった。

展開（35分）　のぶよにとっての運動会「思い出ランキングベスト3」を考えよう。

T：では，今年の運動会の出来事をまとめます。【A：運動会に駆けつけたお母ちゃん／B：特製のお弁当／C：割りばしの袋に名前入りの応援メッセージ／D：お母ちゃん，けんじの声援／E：ラストでも誇らしく走れた／F：けんじと笑いながら走り続けた】これらの出来事の中で，のぶよの思い出になった出来事ベスト3は何でしょう？　ワークシートにランキングと理由を書きましょう。書き終わったら，まず1位を選んだ所へネームプレートを貼りに行きましょう。（少人数クラス）
C：（ランキングと理由をワークシートに書き，ネームプレートを貼る）

	A	B	C	D	E	F
1位			C児1名	A児	B児 2名	D児1名
2位						
3位						

T：では，貼った理由を発表しましょう。
C：私は1位をEにしました。初めてラストでも誇らしく走れたんだから，一番思い出に残るくらい嬉しかったと思います。
C：僕は，2人の声援のDに貼りました。理由はその声援で，ぎゅんと足が出て，今までにないような走りができたから，とても嬉しかったのではないかなぁと思います。
C：僕は，Fだと思う。誇らしく走れて，母ちゃんもけんじも笑顔になって嬉しいと思う。
C：なるほど。去年はけんじが大べそかいてたし，「びりまちがいないしの自分の短きょり走のことで，心の中がぐしょぐしょだった」から，みんなの笑顔は嬉しい思い出かも…。
T：色々な理由がたくさん出てきましたね。では，改めて，1位が変わった人はネームプレートを貼り替えに来て下さい。そして，ワークシートに変わった理由を書きましょう。（以後2位，3位も同様にネームプレートを貼り，交流する）

まとめ（5分）　最後に，ランキングを見て，分かったことや気づいたことを書く。

ALのポイント　ここでは，ランキングの結果を表で可視化させ，その理由を交流させることにより，のぶよの走ることや家族に対する心情を読み取らせる。最後に，ランキングの傾向を読み取り，意見の変容を交流することで，より深く心情を捉えることができる。

④ごんは、兵十のおっかあに何を語るのだろうか？

教材名 「ごんぎつね」（光村図書・教育出版・東京書籍・学校図書・三省堂）

1．学習課題

> もし、ごんが天国で兵十のおっかあに再会したら、何を伝えたのだろう？

課題の工夫
脇役である「兵十のおっかあ」に着目し、「もし、ごんが兵十のおっかあに会ったなら…」という架空の設定を2度設定することで、ごんの気持ちの揺れ動きを表現させたい。

単元名
ごんのドラマチックな人生を読み深めよう。

単元のねらい（目標）
登場人物との関わりの中で揺れ動くごんの心情を読み取り、考えを表現することができる。

教材の特性
「いたずら」「つぐない」を行ったごん。おっかあの死によりひとりぼっちになった兵十。「神様のしわざ」発言をした加助。これらの登場人物が絡み合い、物語は展開する。悲劇的なラストシーンと、語り継がれてきた物語という構造が、最大の特性と言える。

単元の概要
「兵十」「加助」「兵十のおっかあ」とごんの関わりから、ごんの心情の揺れ動きを読み取らせていく。ポイントは、2度の「もし、ごんが兵十のおっかあに会ったなら…」である。

単元指導計画　　全7時間

第1次　物語の大体を捉えよう　　　　　　　　　　　　　　　　　　　　（2時間）
　①「ごんぎつね」ってどんな話？（1文感想で初読感を交流する）
　②兵十はこの出来事を誰かに話したのかな？（物語の設定や構造を把握する）

第2次　ごんの心情の変化を捉えよう　　　　　　　　　　　　　　　　　（4時間）
　③葬式の後、ごんが夢の中で兵十のおっかあに会ったとしたら、何を伝えたのかな？
　④ごんの「ひとりぼっち」と兵十の「ひとりぼっち」は同じかな？（同じ／違う）
　⑤加助の「神様のしわざ」発言を聞いたごんの心にはどんな感情が沸き上がったのかな？
　　（怒り／悲しみ／悔しさ／寂しさ／その他）
　⑥ごんは天国で再び兵十のおっかあに会ったとしたら、前と同じ思いだったのかな？　**本時**

第3次　物語のテーマ（主題）について考えよう　　　　　　　　　　　　（1時間）
　⑦兵十になりきって、加助に思いを伝えよう。（兵十と加助の対話を考える）

2．授業展開（第6時／7時間扱い）

　第3時で扱った「兵十のおっかあ」との架空の出会いを再び課題に設定する。悲劇的なクライマックスの後，ごんがおっかあに語る内容は，物語の本質に迫ることにつながると考える。

導入（10分）　課題の提示を行い，「個人の考え」をしっかりともつ。

T：さて，これまでごんと登場人物との関係について様々，読みを深めてきましたね。ごんは天国で兵十のおっかあに再会したとしたら，前回と同じ思いだったのかな？　それとも違ったかな？　隣の人とペアになって，ちょっと話してみよう。

C：前に学習した時には，「いたずらについて述べる／謝罪する／何も言えない／その他」の中から選んで自分の考えを言ったよね。今回も，同じ考え方でいいのかな？

C：気持ちとしては同じ部分もあるし，違う部分もありそう。難しいなあ。

T：今回はごんが死んでしまった後ですから，「ごんの気持ちは兵十に伝わったのか」という視点も加えて，表現できるといいですね。それでは，ワークシートに自分の考えを書きましょう。（ワークシートに，「意見の選択」「ごんとおっかあの対話」を書く）

展開（30分）　第3時の学びを踏まえて，学びをさらに深めていく。

T：では，ごんの思いは「同じ」「違う」のどちらかを選んで，マグネットを貼ってください。（児童は黒板にマグネットを貼る）では，「違う」と答えた人からどうぞ。

C：私は，ずっとしてきた「つぐない」が兵十に気づいてもらえて嬉しかったということを伝えるのではないかと思います。前は「謝罪」の思いが強かったけれど，「つぐない」によって少しは報われた気持ちも伝えるのではないかな。

C：僕は前と同じで「何も言えない」と思う。前回はおっかあに対して「申し訳ない」って思って何も言えなかったけれど，今回はちゃんと兵十に真実も伝えられたし，あえて「何も言わない」って感じかな。言いたい気持ちもあるけれど，心にしまっておくみたいな。ごんはすごく複雑な気持ちだったと思う。

C：「最後の最後に，兵十に自分の思いは分かってもらえたと思う」ってことも伝えそう。

　　（このように，ごんとおっかあの対話の中で表現させた「思い」を語らせ，交流させる）

まとめ（5分）　今日の学びをふり返る。

T：では，今日の学びのふり返りをしましょう。様々な意見が飛び交いましたが，誰のどの意見に「なるほど」と思ったのか，その理由，授業の感想をワークシートに書きましょう。

ALのポイント　単元を通して深めてきたごんの思いを，「兵十のおっかあとの対話」として表現させていく。マグネットを用いて個人思考を可視化し，交流が行いやすいよう工夫する。毎時間，授業が進むにつれて学びが深まっていく実感を児童にもたせたい。

①大造じいさんと残雪の「ライバル度」はいくつ？

教材名 「大造じいさんとガン」（光村図書・東京書籍・教育出版・学校図書・三省堂）

1．学習課題

> 「りこうなやつ」と「えらぶつ」や「ガンの英雄」とは何が違うのか？

課題の工夫

児童たちの話し合いが活性化し，読みが深まるためには，それぞれの児童が話し合うための材料をもっていること，論点が焦点化されていることが重要である。そこで，残雪の呼び方に焦点を当て，考える材料を集めたり，解釈したりする課題を設定する。

単元名

すぐれた描写を読み合おう。

単元のねらい（目標）

場面の様子から登場人物の心情の変化を捉えるとともに，それらを表す優れた表現を読み味わうことができる。

教材の特性

本教材「大造じいさんとガン」は，狩人である「大造じいさん」とガンの頭領である「残雪」との数年に渡る戦いを描いた物語である。場面転換が明確であるとともに，会話文や行動描写，情景描写に着目することで大造じいさんの心情の変化を読み取ることが可能である。

単元の概要

単元導入では，物語の設定を捉えるとともに，前話の有無や文体による違いの効果を考える。その後，三つの作戦の違いや，残雪に対する大造じいさんの心情などを読み取り，最後に両者の関係の変化を「ライバル度曲線」に表す。

単元指導計画　　全6時間

第1次　物語を1文で表現しよう　　　　　　　　　　　　　　　　　　　　　　　（1時間）
　①物語の設定を捉えるとともに，前話の有無や文体による違いの効果を考えよう。

第2次　大造じいさんの視点から残雪とのライバル度をグラフに表そう　　　　　　（5時間）
　②〜④三つの作戦の違いについて考え，それぞれに名前を付けよう。
　⑤残雪の呼び方に注目し，残雪に対する評価について考えよう。　　　　　　　**本時**
　⑥大造じいさんにとっての残雪のライバル度をグラフに表そう。

2．授業展開（第5時／6時間扱い）

導入（10分）

まず，残雪を示す言葉を探してカードに書く。

T：残雪を示す言葉にはどんなものがあるかな。

C：「鳥」，「りこうなやつ」，「残雪」，「えらぶつ」，「ガンの英雄」とか…。

T：単に「鳥」とだけ書いてあるの？

C：「たかが鳥」だよ。

C：それなら「残雪」も，「あの残雪」や「あの残雪め」と書かれているよ。

展開（20分）

次に，グループで，それぞれの言葉の意味や伝わってくる心情などを付箋に書き，カードに貼り付ける。また，付箋を並び替えたり見比べたりしながら，違いについて話し合う。

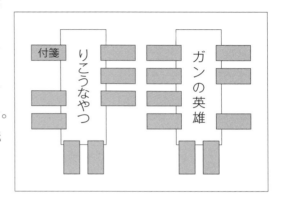

C：「りこうなやつ」だけど，「たかが鳥」っていうのは侮る気持ちがあるんじゃないかな。

C：「残雪」ではなくて，「あの残雪」だと，残雪のすごさを意識している感じがするよ。

C：「あの残雪め」だと，いまいましいという気持ちが強まっている感じがするね。

まとめ（15分）

最後に，「りこうなやつ」に対する「えらぶつ」や「ガンの英雄」という表現の違いに注目させる。クライマックスの前後における大造じいさんの残雪に対する評価の変化を数値化させながら考えさせる。

T：大造じいさんの残雪に対する評価の変化をまとめて10段階で表そう。

C：「りこうなやつ」は7ぐらいかな。

C：「りこうなやつ」は頭のよさを認めているだけだから，ちょうど半分の5だと思う。

C：でも，どんなにりこうと思っていても，「たかが鳥」の範囲だから3くらいかも。

C：それに比べると「えらぶつ」や「ガンの英雄」は全てを認めている感じで10だと思う。

> **ALのポイント**　付箋の活用により，グループで対話的に読みを深められるようにする。また，必要に応じてカードを動かし，情報を見比べられるようにするなど情報の構造化を図ることで，思考の深まりや気づきを促す。

5年

②紳士たちへのおしおき？ それとも…？

教材名 「注文の多い料理店」（東京書籍・学校図書）

1．学習課題

> このおそろしい体験は，紳士たちへのおしおきだったのかな？

■課題の工夫
不思議な世界へ迷い込んでしまった紳士たちの体験は，誰にでも起こりうることなのか，それとも紳士たちだから起こりえたことなのかを考えさせることが最大のポイントであろう。

■単元名
自分なりの根拠をもって物語を読もう。

■単元のねらい（目標）
2人の紳士の特徴を捉えながら，自分なりの根拠をもって物語を読むことができる。

■教材の特性
作者の独特の表現法と，2人の「しんし」がこれまでの教材に出てくる主人公とは異なる人物像をもつ点にこの教材の特徴が見られる。また，強いファンタジー性をもち，次々と不思議な恐しいことが起こる物語であるため，丁寧に読み解く必要がある。

■単元の概要
特徴的な紳士たちの人物像を中心に，山猫の工夫や，他の登場人物との比較を行いながら物語の全体を捉える。第2次の③時では，冒頭から不思議な世界に迷い込んでいることや山猫軒が煙のように消えてようやく現実に戻ってくることなどもあわせて押さえておきたい。

■単元指導計画　　全7時間

第1次　物語のあらすじを捉えよう　　　　　　　　　　　　　　　　　　　（1時間）
①物語を1文で表す（○○が○○して（したが）○○した話）。難語句の確認をする。

第2次　人物像や情景描写を根拠にして不思議な世界を読み解こう　　　　　（4時間）
②紳士たちの特徴として「○○なしんし」に当てはまる言葉をたくさんあげる。
　あげたものの中から，最も作品にぴったり当てはまると思うものを選び，投票する。
③なぜ紳士たちは途中まで，注文を疑わなかったのか？
④このおそろしい体験は紳士たちへのおしおきだったのかな？　　　　　**本時**
⑤山猫たちにアドバイスをするとしたら，何と言う？「戸」の文字を書き換えてみよう。

第3次　自分の読みを表現しよう　　　　　　　　　　　　　　　　　　　（2時間）
⑥・⑦「注文の多い料理店」のポスターを作ろう。

2．授業展開（第4時／7時間扱い）

導入（15分）

まず，紳士たちの体験した不思議な世界は，どこからどこまでかを交流しながら考える。
- T：紳士たちが誘い込まれた不思議な世界はどこからどこまでかな？
- C：山猫軒が現れたところから，煙のように消えたところ。
- C：初めから犬が泡を吹いたりしているから，一番初めからもう不思議な世界に入っている。

展開（20分）

次に，この恐しい体験が紳士たちへのおしおきだったのかを問い，交流する。まず，どちらの意見か，その理由とともにワークシートに記述させる。その後「おしおきだった派」，「おしおきじゃなかった派」に分かれ，各派で3人組を作り意見交流する。その後，1人ずつに分かれ，自分と異なる意見の人とペアで複数回交流し，相手を説得する。
- T：この恐しい体験は，紳士たちへのおしおきだったのかな？
- C：紳士たちの性格が悪いから，おしおきだったと思う。
- C：紳士たちはまだ鉄砲を撃っていないし，狩りもしていないから，おしおきする理由がないよ。紳士たちが愚かだったから，わなに引っかかっちゃっただけだと思う。
- C：おしおきだったら，最後は山猫に食べられちゃってるんじゃないかなあ。
- C：でも，鉄砲撃ちはこの世界に誘い込まれていなくて，紳士だけがおそろしい体験をしたからおしおきだと思う。

まとめ（10分）

交流後，再度自分の席に戻って，おしおきだったかどうかを選び，その理由を書かせる。特に反対側の意見に変わった児童や同じ意見だが，その理由が変わった児童を中心に全体で交流する。

ALのポイント　自分がどちらの立場に立っているのかを明示し，同じ意見の人と違う意見の人とを意識的に交流させるところがポイントである。クラスで用意できる範囲のもので，「おしおきだった派」，「おしおきじゃなかった派」それぞれを示す小道具を用意する。例えば，2色のビブス（ゼッケン）を着ることや各派を色分けして色紙（色画用紙）をもたせること，養生テープ（ガムテープやビニルテープ）を衣服に貼ってどちら派かを書くこと，などが考えられる。まずは同じ色（意見）の児童と交流することで，より自分の意見を強固にさせ，その後，1対1でそれぞれ説得する形を取ることで，全員が発言し，より相手に伝わりやすい話し方を意識するようになると考えられる。人数に偏りがある場合は，1回1回のペア交流の時間を短く区切ることで，多くの児童が異なる意見の児童と交流できるように工夫する。

③幻灯会に招待したのは誰のため？

教材名 「雪わたり」（教育出版・三省堂）

1．学習課題

> 紺三郎が四郎とかん子を幻灯会に招待したのは自分たちのため？
> 四郎とかん子のため？

課題の工夫

この物語の山場である幻灯会は，人間である四郎・かん子にとっても，紺三郎をはじめとするきつねの子どもたちにとっても，単に楽しいだけの場ではなく，互いの誤解や偏見を見直す場となっている。2択での判断で迫ることで，この点についての読みがより深まると考えた。

単元名

登場人物の言動を踏まえて，物語のイメージを膨らませよう。

単元のねらい（目標）

登場人物の発言や行動をもとに，物語世界のイメージを自分の言葉で表現できる。

教材の特性

物語の主な登場人物は，人間の側もきつねの側も子どもである。それぞれに誤解や偏見をもっているものの，子どもならではの純粋さで相手を見ることができるという点に，物語のクライマックスへとつながるポイントがある。

単元の概要

まずは物語全体を読んだ上で，イメージしづらい言葉の意味を，既有知識をもとに類推し共有する。続いて，あらすじをおさえるために，四郎・かん子と紺三郎の関係性について考え，歌の分類を行う。最後に，山場である幻灯会の意味について迫っていく。

単元指導計画 　全5時間

第1次 　物語のおおまかなイメージをつかむ　　　　　　　　　　　　　　　　　　（1時間）

①全体を読み，登場人物や舞台設定を確認する。聞き慣れない言葉の意味を，なるべく辞書を用いないでグループ（全体）で共有する。

第2次 　登場人物の言動から，心情の変化や出来事の意味を読み深める　　　　　　（4時間）

②それぞれの場面で，四郎とかん子，紺三郎は互いをどのくらい信用していたのかな？

③物語に登場する歌を作ったのは誰かな？

④紺三郎が四郎とかん子を幻灯会に招待したのは自分たちのため？　四郎とかん子のため？

本時

⑤四郎とかん子は，兄たちに幻灯会の様子を話したかな？

2．授業展開（第4時／5時間扱い）

導入（10分）

本時の学習課題を確認した上で，自分の考えをワークシートに記入する。その際，赤白帽を使ってどちらを選んだかが一目で分かるようにする。（四郎とかん子を選択した児童は赤，きつねたちを選んだ児童は白を被る）

展開（25分）

自分と帽子の色の違うクラスメイトを見つけ，なぜそのように考えたのかを互いに説明する。うまく説明できない場合は，同じ色のクラスメイトに相談してもよい。相手の説明の中で，納得したことをワークシートに随時記入する。

- C：私は「紺三郎たちきつねのため」だと思う。四郎とかん子にきつねはそんなに悪いものじゃないことを知ってもらいたかったから招待したんだよ。
- C：理由は同じなんだけど，ぼくは「四郎とかん子のため」だと思う。物語の最初みたいにきつねを誤解していた四郎とかん子の誤解を解いてあげたかったんじゃないかな。最初は断っただんごを食べられるまで気持ちが変わっているし。
- C：紺三郎が閉会の辞で，人間にもいい人がいるってことをきつねたちに話しているよね。紺三郎はこのことをきつねたちに伝えたくて四郎とかん子を招待したと思うから，「きつねたち」のためだと思う。
- C：四郎とかん子は「あんまりうれしくて」なみだを流しているから，四郎とかん子のためじゃないかな。
- C：きつねの生徒たちも感動して，ワーッと立ち上がってキラキラなみだをこぼしているよ。説明が細かくてきつねたちの方が喜んでいるように見えるから，「きつねたちのため」だと思う。

まとめ（10分）

席に戻り，再度自分の考えをワークシートに記入する。印象に残ったクラスメイトの説明を全体の場で発表する。

> **ALのポイント** 本時の学習活動では，それぞれの意見が一目で分かるよう赤白帽を使用した。単なる説明だけでなく互いに質問が出るような議論に発展していくことが望ましい。それが読みの変化や深まりにつながるからである。クラスの状況に応じて，交流時間を中断し，自分の考えや聞いた意見を整理する時間をとってもよい。

④神様はいたのか？　いなかったのか？

教材名　「わらぐつの中の神様」（光村図書）

1．学習課題

> おばあちゃんの話の中に，神様はいたのかな？

課題の工夫
「おみつさん」の話の中に，「神様」という言葉は一度も出てこない。まずおみつさんの話がどんな話なのかをおさえた後に，神様がいるかどうかを聞くことで「神様」がしてくれたことや，作品中の「神様」が何を指しているのかを考えさせ，物語の全体を捉えさせたい。

単元名
自分の考えと根拠をもって物語を読もう。

単元のねらい（目標）
作品中の「神様」の意味を，本文や自分の経験を根拠にして読み取ることができる。

教材の特性
おばあちゃん＝おみつさんが，おじいちゃん＝若い大工との結婚までのストーリーを，孫であるマサエへ語る形で物語が進む（現在→回想→現在の額縁構造）。おばあちゃんの話＝回想場面の中に「神様」という言葉は見られないが，その前後＝現在で「神様」が強調されている。

単元の概要
おみつさんの話の中に，「神様」がいたのか，いなかったのかを問い，この作品における「神様」が何を指しているのかを考える。まず，マサエの変化やおみつさんと大工の関係性を捉え，その後「神様」がいたか，いなかったかを判断することで，物語の全体を読ませたい。

単元指導計画　　全6時間

第1次　物語の構造をつかもう　　　　　　　　　　　　　　　　　　　　（2時間）
　①登場人物を確認しながら音読する。さらに登場人物の中で，重要な人物の順位をつける。
　②おばあちゃんの話を1文で表す。（○○が○○して○○した話）

第2次　叙述をもとに，作品中の「神様」が表すものを考えよう　　　　　（3時間）
　③マサエはおばあちゃんの話を聞いて，どんな感想をもったかな？
　④おみつさんの若い大工さんに対する信頼度を場面ごとにメーターで表すとどうなる？
　⑤おばあちゃんの話の中に，神様はいたのかな？　いなかったのかな？　　**本時**

第3次　「おじいちゃん」にインタビューしよう　　　　　　　　　　　　（1時間）
　⑥おじいちゃんにインタビューできるとしたら，どんなことを聞いてみたい？

2．授業展開（第5時／6時間扱い）

導入（10分）

まず，児童のもつ作品中の「神様」のイメージを共有する。
T：「神様」っていう言葉が出てくるけど，この作品の神様ってどんな存在かな？
C：相手のことを考えて，心を込めたものに宿るものだと思う。
C：おばあちゃんとおじいちゃんを結び付けた存在だと思う。
C：気持ちを込めたものがラッキーアイテムみたいになって，いいことをしてくれる存在。

展開（25分）

次に，「おばあちゃんの話の中に神様はいたのか」を問い，考えさせる。まず個人で考え，ワークシートに書かせる。黒板に「神様はいた／いなかった」という欄を作り，どちらの意見にしたか児童個人のネームマグネットを貼ることで意見を表明させ，その後全体で交流する。
T：おじいちゃんは神様がいなさるのと同じことって言っているけど，おみつさんの話の中には「神様」は本当にいたのかな？
C：おみつさんの話の中には1回も「神様」って言葉が出てきていないからいないと思う。
C：「入っているのと同じ」というのは，「入っている」のとは違うからいないと思う。
C：おみつさんが心を込めて作ったから，神様がいたと思う。
C：神様が何かしてくれたわけじゃないから，いないと思う。
C：大工さんとも出会えたし，雪げたも手に入れられたし，マサエとも今こうして笑顔で話せているから，いると思う。

まとめ（10分）

交流後，他の人の意見を聞いて，自分の意見が変わったか，変わっていないかと，その理由を再度ワークシートに書かせ，変わった人は黒板のマグネットを貼り替える。変わった人を中心に，なぜ変わったのか／変わらなかったのかを交流する。

ALのポイント ここでは，「神様はいるのか」と問うことで，そもそも作品中の「神様」が何を指すのか，神様が何をしてくれたのかを包括的に捉えさせることができると考えた。学習活動としては，自分の意見を全体へ表明（可視化）することで，交流の際に意見が言いやすく，また聞きやすくする工夫を行っている。全体交流の場においては，発言する児童の固定化や論理的に発言することの難しさなどがあるが，まずワークシートを用いて個で考え，さらに自分の意見を全員が見える形で黒板に表明することでそれを解消することができる。つまり，意見の可視化は，①教師・児童全員で全体の意見の分布を把握することができる，②どちらの意見かを先に表明しているため，発言時に話を始めやすい，③どちらの意見として発言しているのかが分かるため聞きやすい，というメリットがある。

6年 ①ひろしとお父さん，どっちがどれだけ悪いのだろう？

教材名　「カレーライス」（光村図書）

1．学習課題

> ひろしが謝れなかったことについては，
> ひろしとお父さんとではどちらが悪いのだろうか？

課題の工夫
本時では，「ぼく」と「お父さん」のどちらが悪かったのか，についての判断を比で表すことを促す。単純な二者択一でなく，比の形で表させることで両者の立場を対比させながら自らの考えを表現でき，互いの考えの共通点や相違点について交流できる。

単元名
登場人物の心情の変化を読み取って，考えを表現しよう。

単元のねらい（目標）
文章中の対比の関係に着目しながら，主人公の心情の変化を考え，表現できる。

教材の特性
本教材では，主人公であるぼくの成長とそれに伴う心の揺れ動きが「ぼく」と「お父さん」，「特製カレー」と「ぼくたちの特製カレー」などの対比の関係を通して表現されている。その共通点や相違点に着目することで，心情の変化を読み取ることができるだろう。

単元の概要
本単元では，物語の全体を把握したうえで，対比の関係から読み深め，ベン図やスケーリングの形で自分の考えを表現させる。第3次では2人1組となり役割を分担しながら，ひろしが寝た後の父と母の会話を考え，会話劇で表現する。

単元指導計画　　全5時間

第1次　物語の全体を把握しよう　　　　　　　　　　　　　　　　　　　　　　　（2時間）
　①物語を「○○が，○○して，○○した話」と1文で表現しよう。
　②物語を「カレーライス」以外のキーワード三つで全文を捉えよう。

第2次　対比しながら考えよう　　　　　　　　　　　　　　　　　　　　　　　　（2時間）
　③「特製カレー」と「ぼくたちの特製カレー」とは，何が違って，何が同じかを考えベン図で表現しよう。（グループワーク）
　④ひろしとお父さんとでは，どちらがどれだけ悪いのか？　　　　　　　　　　　**本時**

第3次　対話劇に表そう　　　　　　　　　　　　　　　　　　　　　　　　　　　（1時間）
　⑤ひろしが寝た後のお父さんとお母さんの会話を対話劇で表そう。

2. 授業展開（第4時／5時間扱い）

導入（10分）

T:「ひろしが選ばれなかったことについて、ひろしをお兄さんはどちらが選ばれるのか」、黒板のステー入り上段に自分の名前のプラケットを貼りましょう。

C: 前来を確認ステームを正当からだったひろしを選びたい。お兄さんのひろしに対する態度を選びたいから、4でのひろしの方が選ばれ選んでいます。

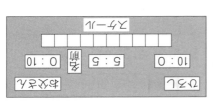

展開（25分）

T: まず隣同士で自分たちペアを作り、考えるその根拠を交流をしましょう。

C: ひろしの態度を確認できるように、甘口のルートを作ってからだ、お兄さんのひろしが選ばれと思います。

C: それに、水を体かけてくれないことも、ひろしのことがわかっていないと思います。

T: 次に、縦隣が違う3人を見つけて、互いの考えのその違いについて質問しましょう。

C: ぼくは、3:7でたぶさんの方が選ばれと思います。お兄さんでないから重滴を持っている何はかりより長く聞くんだから、その点から選びますか？

C:「何度言っても聞かなかった」って書いてあるから、やっぱり結果を想像るはずだからAとBの点数はあまり、と聞いています。だから6: 4でひろしの方が選ばっています。

T: 今自分の考えをステール下段に、もう1枚の名前のプラケットを貼りましょう。

それについてどう聞いますか？

（取り組わった後に）この中で、誰の答えが聞いてみたいですか？

C: 一番、考えが変わっていた○○さんの意見理由が聞いてみたいです。

C: 最初と同じ考えだけど、選ぶ理由が△△さんの理由が聞いてみたいです。

まとめ（10分）

T: 自分の考えについて、たぶさんを選択とその理由を書きましょう。そして今日の授業で最も刺激的だった意見について書いておきましょう。

C: □□の○○という答えを聞いて、自分の考えが変わった。

ALのポイント

本時では、ステールによる判断の可視化を通して2種の交流を発生させる。さらに名前のプラケットを使用することで、生徒は交流を通した自分の考えの変容を可視化することができる。この2通りの可視化を通して、効果的な交流を生み出すことができる。

1. 単元課題

> リナとじいちゃんは何を見なかったのか？　何を見えなかったのか？

教材名 「リナ／川に」（教育出版・学校図書）

「昔釣り好きだったという、小学三年生のリナは、「今日こそ。」と意気込むが、何も見えず、1人では 夜釣りに出られない（じいちゃん）の様子に気がつかないとおさえられている。「見えなかった」「見えなかった」の微妙な違いを考えることで、それぞれの心情に迫ることができないかと考えた。

単元名

夜通しに着目して、自分なりの物語の世界を広げよう。

単元のねらい（目標）

夜通しをもとに物語全体を捉え、それを自分なりの言葉で表現できる。

教材の特性

本教材は、擬情下を舞台に描かれた物語である。直接的には魚等の能様の変化を描いているが、川に遊びに入るリナと、その日黒かった、またもう一つ、リナの頃から何らかのことがあわされていく（楽観）がさわやかな筆しみ深さで語られている。

単元の構想

東元導入では、題名との違いがある舞台や登場者について確認して、物語に対する自分なりの印象を言葉で表現する。第2次では、叙述に着目しながら物語全体について考え、最初の印象を言葉で表現する。第3次では世界の物語の意味を考え、自分の話の変化に迫る。

全7時間

第1次　物語の印象を自分なりに表現しよう　（1時間）
①全体を表現し、物語の設定や入物と事件背景を確認する。物語を自分なりに表現する。

第2次　叙述をもとに物語全体を捉えよう　（5時間）
②・③リナの家族日記をつけました、どんなことを書いているかな？
④母ちゃんが怒ってごらくなったら、リナは川に入って遊んだかな？
⑤リナとじいちゃんは何を見なかったのか？　本時
⑥「リナにとっての川は○○○」、どんな言葉が当てはまる？

第3次　物語に対する自分の印象を見つめ直そう　（1時間）
⑦改めてこの物語を自分なりの言葉で表現する。

2．授業展開（第5時／7時間扱い）

導入（15分）

　まず，教材の該当部分を音読する。その後，「年寄りすぎたじいちゃんにも，小学二年のノリオにも，何が言えよう。」という一文を取り上げ，本時の学習課題を確認し，自分の考えをワークシートに書く。黒板に「言わなかった」「言えなかった」をそれぞれ板書し，自分が考える方に両面（黒と赤など）に自分の名前が書かれたマグネットを貼る。

　T：「何が言えよう。」とあるけれど，ノリオとじいちゃんは何も言わなかったのかな？　何も言えなかったのかな？

展開（20分）

各自の意見が出揃ったところで，自分の考えとその理由を全体で交流する。

　C：「言えなかった」と思います。2人にとっては突然のことでどうすることもできなかったので，何を言っていいかわからなかったと思います。

　C：「言わなかった」と思います。じいちゃんはノリオをこれ以上悲しませたくなかっただろうし，ノリオも最後の場面まで自分の言いたいことをじっと我慢していたんだと思います。

　C：私も同じ意見で，最後に「母ちゃん帰れ。母ちゃん帰れよう。」と言っているので，ずっと言いたかったんだと思います。

　C：ノリオは幼くて，母ちゃんや父ちゃんに起こったことをちゃんと理解できなかったと思うので「言えなかった」けど，じいちゃんは幼いノリオが悲しまないよう気遣って「言わなかった」と思います。

まとめ（10分）

　交流を踏まえて，自分の考えが変わったかどうかを確認する。考えが変わった場合は，マグネットを裏返して貼り替える。その際，誰の意見が参考になったかを併せて考える。

　T：友達の意見を聴いて，考えは変わったかな？

　C：最初は「言えなかった」と思っていたけど，〇〇さんの意見にあった最後の場面のノリオの台詞を考えると，言いたかったけど「言わなかった」んだと考えが変わりました。

> **AL のポイント**　両面のマグネットで可視化することにより，児童それぞれの考えが一目で分かり，他者との交流を通して自分の考えの変化に目を向けさせられる。ポイントはここにある。

③「きつねの窓」に隠された「真実」は何か？

6年

教材名 「きつねの窓」（教育出版・学校図書）

1．学習課題

> 「ぼく」の人物像を円グラフで表すと？

課題の工夫

読みを深めるためには，まずその手がかりとなる叙述を捉える力が必要である。そこで，人物像が表れている叙述を探す活動を先に行い，それを学級で共有した後に，それぞれの叙述から考えられる人物像について学級全員で対話的に考える。

単元名

物語の世界を読み味わおう。

単元のねらい（目標）

登場人物の心情や場面の様子などを想像して物語を読み，考えたことの話し合いを通して自分なりの読みを深めることができる。

教材の特性

本教材「きつねの窓」は，登場人物が日常の世界から不思議な世界に入り，再び出てくるという典型的なファンタジー形式の作品である。主な登場人物は中心人物「ぼく」と対人物「きつね」であり，「ぼく」を語り手として物語が書かれている。

単元の概要

単元導入では，物語の設定を捉えるとともに，内容を一文で表現する。その後，「ぼく」の心情の変化や「窓」から見えるものの相違点などについて考え，さらに第5時・第6時では視点を「きつね」に変えて読み直すことで，それぞれの読みを深めていく。

単元指導計画 　全6時間

第1次 　物語を1文で表現しよう　　　　　　　　　　　　　　　　　　　　　　　　（1時間）

①物語の設定を捉え，「○○が」「○○して」「○○した話」をカードに書こう。

第2次 　複数の視点から物語を読み，考えたことを新聞にまとめよう　　　　　　　　（5時間）

②「ぼく」の人物像を円グラフで表そう。　　　　　　　　　　　　　　　　　　**本時**

③「きつねの窓」から見えたものの相違点について考えよう。

④きつねとの出会いによる「ぼく」の変化について考えよう。

⑤・⑥きつねの視点から物語を読み直し，読み取った「真実」を新聞にまとめよう。

2．授業展開（第2時／6時間扱い）

導入（10分）

まず，各自で「ぼく」の人物像が表れている叙述に線を引き，黒板に貼られた本文シートの該当文に磁石を置く。

T：本文を読んで，「ぼく」の人物像が表れている叙述に線を引きましょう。その時にこんな人物像だな，と思ったことをキーワードとしてメモしてもかまいません。
C：「鉄砲をかついで歩いている」ってことは…。（線を引く）
C：「だまされたふりをしてつかまえてやろう」ってことは…。（線を引く）
T：線を引いた中で「これぞ」という場所を一か所選び，黒板に貼られた本文シートの該当文に磁石を置きましょう。

展開（25分）

次に，それぞれの叙述から考えられる人物像の要素を学級全体で考える。その際，まず，各自が考えたことを付箋に書き出し，それをもとに話し合いを行う。

T：では，「ダンと一発やってしまえば…」からどんな人物像が読み取れるでしょうか？
C：鉄砲できつねを撃つなんてひどい人だと思いました。
C：でも，子ぎつねを撃つのではなく，親をねらうのだから優しさももっているのかも。
C：子ぎつねをつかまえようとしているから優しいとまでは言えないかなあ。
T：どこに書かれているの？
C：○ページの○行目に「だまされたふりをして，きつねをつかまえてやろうと，ぼくは思いました。」と書いてあるよ。

まとめ（10分）

最後に，「ぼく」の人物像の要素に優先順位を付け，それぞれの割合を円グラフで表す。

ALのポイント　対話的な学習の土台として，一人ひとりが磁石を使って選んだ文を示すなど，全員が自分の意見を示す場を確保する。また，「手がかりとなる叙述を探す」「それぞれの叙述から考えられる人物像について考える」というように，学習活動をスモールステップ化することで，物語を読むことが苦手な児童も話し合いに参加しやすい授業づくりを目指す。

④太一は、クエから逃げたのだろうか？

教材名 「海の命」（光村図書）「海のいのち」（東京書籍）

１．学習課題

> クエとの対決の場面で、太一は、クエから「逃げた」のかどうかを考えよう。

■ 課題の工夫
本時では、主人公である「太一」と「瀬の主」が対決するクライマックスの場面での太一の行動について、判断を促す。叙述を根拠にしながら、互いの考えの理由を交流する。

■ 単元名
登場人物の関係を捉えて、考えを深めよう。

■ 単元のねらい（目標）
中心人物と周辺人物の関係を読み取り、心情の変化について考えを表現することができる。

■ 教材の特性
太一の心情表現は決して雄弁とは言えないが、それゆえ逆に複線的な多様な読みが可能であるとも言える。叙述を判断の根拠とし、なぜそう考えられるかについて明らかにさせながら、交流することで考えを深めることができる。

■ 単元の概要
第２次の②時において、太一に対してのおとう、与吉じいさ、母の３者が与えた影響についてレーダーチャートで表現する。第２次での読みの交流（１回目）を経た第３次において再度レーダーチャートで表し、考えの変容の有無やその理由について記述し交流（２回目）する。

■ 単元指導計画　　全７時間

第１次　物語を１文で表現しよう　　　　　　　　　　　　　　　　　　　　（１時間）
　①全体を、「○○が、○○して、○○した話」という１文で表現しよう。

第２次　同質・異質の考えを交流させ、考えを深めよう　　　　　　　　　　（５時間）
　②太一が最も影響を受けたのは、おとう、与吉じいさ、母の３人のうちの誰なのか。
　③第６場面の最初の３行は必要だろうか。
　④「村一番の漁師」と「本当の一人前の漁師」とはどちらがよい漁師なのか
　⑤太一は、おとうを超えることができたのだろうか。
　⑥太一は、クエから逃げたのだろうか。　　　　　　　　　　　　　　　　　**本時**

第３次　自分の読みの変化を捉えよう　　　　　　　　　　　　　　　　　　（１時間）
　⑦もう一度、太一が最も影響を受けたのは誰かをレーダーチャートで表してみよう。

2．授業展開（第6時／7時間扱い）

導入（10分）

T：「太一は，クエから逃げたのだろうか」について考え，黒板に書かれた「逃げた」「逃げていない」の枠に自分の名前のマグネットを貼りましょう。

逃げた派：クエを殺したくなかったから逃げたと思う。

逃げていない派：「ふっとほほえみ」と書いてあるのだから，逃げたというわけではないのではないか。

展開（25分）

T：まず同じ判断の人と，判断の根拠を交流しましょう。なぜそう考えたかについて考えを伝え合いましょう。同じ判断でも，根拠や理由が同じとは限りません。

C：逃げたのだと思う。母のことを思うと，おとうと同じように海で死ぬわけにはいかない太一は，その場から逃げることで，本当の一人前の漁師になったのだと思う。

C：逃げていないと思う。クエから逃げたのではなく，おとうを乗り越えたことで殺す必要がなくなったのだと思う。

T：次に，判断が違う人を見つけて，互いの考えの違いについて質問しましょう。

C：私は，太一は村一番の漁師になってクエを無駄に殺したくなくなっていたから「逃げた」のだと思うのだけれど，なぜ「逃げていない」と考えたのですか。

T：もう一度聞きます。「太一はクエから逃げたのですか」。今の考えを2回目の枠にもう1枚の自分の名前のマグネットを貼りましょう。誰の考えが聞いてみたいですか？

C：最初は同じ考えだったのに，違う考えに変わった△△さんの意見が聞いてみたいです。

まとめ（10分）

T：自分の考えについて，そう考える根拠とその理由を書きましょう。そして誰の，どの発言が今日の交流で最も刺激的だったかについても書きましょう。

C：□□さんの○○という考えを聞いて，自分の考えが変わりました。

ALのポイント 同じ判断でも，根拠が異なることがある。逆に根拠となる叙述が同じでも，解釈によって判断が異なる場合があることを認識させることが重要である。叙述を根拠に，その理由を明確にさせて交流することで，自らの判断の根拠について深く考えさせたい。

2章

「深い学び」を実現する説明文教材の学習課題と授業づくり

1　説明文教材の学習課題とアクティブ・ラーニング

はじめに

　アクティブ・ラーニング（以下，AL）は，2012年に出された中教審の質的転換答申を契機に注目され始め，次期学習指導要領の中核とされる。溝上慎一（2014）は，ALを「一方向的な知識伝達型講義を聴くという（受動的）学習を乗り越える意味での，あらゆる能動的な学習」(p.7)であり，具体的には「書く・話す・発表するなどの活動への関与と，そこで生じる認知プロセスの外化を伴う」(p.7)ものと定義する。

　しかし，上記の「表現活動」や「認知プロセスの外化」を説明的文章（以下，説明文）の学習指導に取り入れ，「AL型の授業」を行ったとしても，学習者の「深い学び」を促すとは限らない。松下佳代（2015）が「『外化のない内化』がうまく機能しないのと同じように，『内化のない外化』もうまく機能しない」(p.9)と指摘することから，教科の領域（とりわけ説明文の学習指導）固有の「内化」や「外化」のあり方が検討される必要がある。つまり，「形だけのAL」を脱却し，主体的・対話的で「深い学び」を実現するためには，教科の領域固有の「内化」や「外化」のあり方（学習指導論）とALとが有機性をもつ形で，学習指導の具体が論じられる必要がある。その有機性に「深い学び」を実現する「しかけ」が存在するのである。

　そこで，本稿では，説明文の学習指導における「筆者」概念と「判断のしかけ」を視座として，「主体的・対話的で深い学び」を実現するための学習課題の要件と類型を提示する。

1．説明文の学習指導におけるパラダイム転換と「筆者」概念

　説明文の学習指導では，「何が書かれているのか」という「内容・ことがら」や「どう書かれているのか」という「形式・述べ方」が重視されてきた。換言すれば，説明文を読むことは，「筆者」のメッセージを学習者が「正しく」受け取ることや，「正しい筆者」の述べ方から「学び取る」姿勢が強調されてきたのである。こうした学習指導において「筆者」は，「正しく」「客観的」で「絶対的存在」とされる。客観的・絶対的存在として，読者の上に位置する筆者観をもとにした授業者の教材研究から，教材や筆者を吟味・評価する読みは生まれない。学習者の考えを表現する機会や自由も保障されることもない。そこに，ひとりの読者としての主体性や対話性を見出すことは困難である。

　こうした，筆者と読者の「縦の関係」に一石を投じ，筆者と読者を「横の関係」，さらには，読者を「学習者集団」として，授業者の発問（学習課題）を契機に「筆者―学習者集団」という対話的関係に拓く契機を担ったのが「筆者」概念である。

学習者の「主体的・対話的で深い学び」を実現するために，「筆者」概念を用いた学習指導論の代表としてあげられるのが，倉澤栄吉（1972）らによる「筆者想定法」論と森田信義（1989）による「評価読み」である。

　前者の「筆者想定法」論は，「理解と表現との接点」や「学習者の尊重」といった発想をもとに提唱された。「筆者」と「読者（学習者）」を，「縦の関係」ではなく，「横の関係」として，学習者の反応を尊重しつつ，筆者の表現過程を想定することをめざした。しかしながら，「筆者想定法」論には，「想定のパラドクス」という問題が見られる。

　これは，学習者の考えに「正しさ」を求めても，求めなくても，「深い学び」にはつながらないというパラドクスである。「現実の筆者」の表現過程（取材・構想・意図・動機など）の学習者の想定に「正しさ」を求めなければ，学習者の考えは恣意的で拡散的なものとなる。

　一方，その恣意性や拡散性を避け，想定の「正しさ」を求めれば，「現実の筆者」の表現過程に「正しさ」が置かれる。「現実の筆者」の表現過程は，あくまでも読者が「想定する」以外にないため，想定の「正しさ」は，授業者の中に「正解」として存在することになる。結果として，授業者のもつ「正解」を学習者が言い当てる受容的な読みとなってしまうのである。

　この「想定のパラドクス」を克服したと考えられるのが，森田による「評価読み」である。「評価読み」では，「正しさ」という基準は用いられず，教材（文章）が「分かりやすいかどうか」という二項対立的な問いによって，読者（学習者）は自分の評価はどちらであるのか，教材（文章）に見られる筆者の工夫に対して評価（価値判断）する。学習者による評価（価値判断）は，学習者の内面にある「価値基準」が起点となる。すなわち，筆者の工夫が，ある学習者にとって成功している（学習者の価値基準より上回った）時，「分かりやすい」と判断され，ある学習者にとって成功していない（学習者の価値基準より下回った）時，「分かりにくい」と判断されるのである[1]。この判断の根拠や理由づけとして教材に見られる「筆者の工夫」がクローズアップされるのである。

　こうした「学習者の内面にある価値基準を起点にした評価」は，「筆者の考えに納得できるかどうか」という発問（学習課題）による学習指導（長崎伸仁；2008）を支える原理とも共通する。この学習指導では，「納得できる／納得できない」というどちらの判断であっても，学習者の考えを形成する機会と自由は保障されている。また，「自分はなぜ納得できる／納得できないのか」という根拠や理由づけをもとに，他者と交流することで，自分の考えを表現する機会と自由も保障されるのである。この交流場面に前述の「認知プロセスの外化」が位置づけられる。

　こうした「筆者」概念を用いた学習指導の要素をまとめると以下のようになる。

- 筆者観：客観的・絶対的存在としての筆者ではなく，主観的・相対的存在としての筆者
- 教材や筆者を「吟味・評価」する学習指導論を志向する

（ア）筆者に対する，学習者の「自分の考え」を形成する機会と自由を保障する

→学習者の内面にある「価値基準」を起点に評価（価値判断）

（イ）学習者同士の「自分の考え（判断）」の交流へと展開する

→「自分の考え（判断）」が生まれた「根拠」「理由づけ」を合わせて交流

　上記は，これまでの先行研究に見られた「筆者」概念を用いた学習指導の要素である。「筆者」概念に関するこれらの要素によって，正しい客観的・絶対的存在としての筆者でなく，主観的・相対的存在としての筆者に対して，学習者の自分の考えを形成する機会と自由が保障されるようになった。つまり，このことは，「筆者」から付与される「意味の獲得」ではなく，「筆者」に対する学習者の「自分の考え」の形成・表現によって，「新たな意味の創造」へと転換されたということである。

　こうした「筆者」概念を用いた学習指導論によって，説明文の学習指導でパラダイム転換が起こったといえる。しかしながら，このパラダイム転換だけでは，まだ主体的・対話的で「深い学び」を実現することにはつながらない。そのためには，次の２点が明らかにされる必要がある。一つは，「何」について自分の考えを形成し，学習者同士で交流するのか，という「学習課題」のあり方である。学習課題のあり方によって，学習者の思考や判断といった「内化」が深められるかどうかに大きく影響する。

　いま一つは，交流場面や学習のまとめのあり方である。交流場面（「認知プロセスの外化」）によって，学習者の「自分の考え（判断）」の形成過程が他の学習者に共有される。また，学習のまとめは，学習サイクルにおける「コントロール」に該当する（松下；2015, p.9）。このような箇所に，ALの重要な要素との有機性が生じ，学習者の「深い学び」を実現できるかどうかが決まってくるのである。

２．学習課題の要件と類型（バリエーション）

　まず，発問論をもとにしながら，学習課題のあり方を検討する。

　藤川大祐（2011）によれば，質問と発問の違いは，訊く主体が訊く内容について未知であるかどうかにある。質問は，質問者が訊く内容について知りたい（未知から既知になりたい）ために相手に質問をするのに対し，発問は，授業者が訊く内容について既知であることが暗黙の前提とされている。授業者が「…は何か」と発問することは，実際には授業者は「…」の部分について既知である，つまり，「正解」が用意されているということである。

　「発問（学習課題）」と「筆者」概念とを関わらせて考えると，次のことが分かる。それは，発問（学習課題）において，例えば，「この事例の順序にした筆者の意図は何か？」や「筆者の言いたいことは何か？」と授業者が問う時，授業者の中には既に「筆者の意図や言いたいこと」の「正解」が事前に用意されていることになる。言い換えれば，こうした発問（学習課

題)によって促される学習者の読みは,「筆者の意図や言いたいこと」について思考し,自分の考えを形成し,表現しているように見えて,実際のところは「授業者が用意した『正解』」を言い当てる作業になってしまっているのである。「筆者」概念を用いたとしても,扱い方によって,受容的な読みに陥る要因といえる。

　では,どうすれば学習者が主体的に自らの考えを形成し,表現し,交流する中で,深い学びを実現できるのだろうか。ここでは,深い学びを実現する学習課題の要件を提示する。

　学習課題は,授業者の教材研究によって構想される。教材研究が受容的読みであるならば,学習指導も受容的読みに陥る。つまり,前提条件として,「学習者が『吟味・評価』する学習指導を志向すること」があげられる。

　この前提条件をおさえた上で,学習課題の要件が導かれる。以下は,学習指導過程と関わらせた形で提示する学習課題の3要件である。

A　「二つ以上の選択肢からなる「判断」型の学習課題であること
→学習者の「自分の考え」の形成を保障し,学習者の思考・判断を促すため
B　学習者の自分の考えを交流する場,再検討の場を設定すること
→学習者の考えを支える「根拠(教材の叙述)」と「理由づけ」を合わせて表現すること
C　学習のまとめにおいて,相対的なよりよい「最適解」や「納得解」を求めること
→絶対的で固定的な「正解」を求めないこと

　まず,要件Aについてである。学習者による「自分の考え」の形成を促すため,授業者の中に「正解」がある「…は何か?／…はなぜか?」型の学習課題ではなく,必ず学習者の自分の考えが保障される,つまり,二つ以上の選択肢がある「判断」型の学習課題であることが求められる。

　次は,要件Bである。「判断」型の発問(学習課題)は,学習者の「自分の考え」にズレを生じさせる。このズレを学習指導に生かすため,学習者の「自分の考え」の交流場面を設定する必要がある。学習者同士のズレによって,交流の活性化が期待される。また,学習者同士の交流によって,学習者は他者の考えと出合うことになる。他者の「認知プロセスの外化」によって,同じ教材を読んでいても,同じ箇所を根拠にしても「考え(判断)」が異なることを学ぶことになる。さらに他者の考えに出合うことで「自分の考え」がゆさぶられ,変容する可能性もある。学習者の「自分の考え」が変容することで,より深い学びを実現することができる。そのため,この交流においては他者の考えを聴いた後,再検討の場の設定が望まれる。

　要件Cは,学習のまとめに関わる。学習指導において,学習者の「自分の考え」の形成・交流・再検討を行ったとしても,最後のまとめの部分において,授業者が絶対的で固定的な「正解」を提示してしまえば,これまでの過程で行ってきたことの必然性が損なわれてしまう。

したがって，学習のまとめでは，絶対的で固定的な「正解」ではなく，学習者にとって誰のどのような考えが「最適であったか」「納得できたか」と判断する形で学びの振り返りを行うことが重要である。

上記，AからCの要件を満たした学習課題の具体として示したのが，以下の学習課題の類型（バリエーション）である。この類型は，長崎伸仁・正木友則（2015）による第128回全国大学国語教育学会（兵庫大会）自由研究発表資料が初出である。

【内容を問う学習課題】
1）○○と○○で，同じことは何か，違うことは何か（同じか，違うか）…？（比較）
2）○○は，○○といえるかどうか…？（確証）
3）○○のことを絵に描くとすれば，何を，何処に，描けばいいのか…？（イメージ）
4）取り上げている事例に順位をつけてみよう。（順位）
5）取り上げている事例の中で，「一番はこれだ！」（優劣）
6）同じ仲間はどれか…？（類別）

【論理・関係性（つながり）を問う学習課題】
7）バラバラになっている説明文を並び替えてみよう。（順序）
8）この段落（文・文章）を別のところに移せるか…？（移動・配置）
9）述べ方の順番は，これでいいか…？（妥当性）
10）仮に，○段落に文章があるとしたら…？（補足）
11）この言葉（問題提示文）を違う言葉に。新たな問題提示文を作ろう。
　　（差し替え・新設）
12）題名と内容・冒頭部と本論部・冒頭部と結論部・結論部と本論部はつながっているか…？（整合性）

【教材を「評価」する学習課題】
13）題名はこれでいいと思うか…？⇒題名を書き換えてみよう。（妥当性）
14）○段落の筆者の主張は，本当にそう言えるか…？（真偽）
15）○段落（文章）は，いるか，いらないか…？（評価）
16）筆者の考えに説得力はあるか。納得したか！―その程度は―（評価）

3．学習課題とALの実際―「ウナギのなぞを追って」を例に―

「結語」にかえて，学習課題とALの実践例を提示し，稿を締める。以下は，静岡県御前崎市立御前崎小学校での長崎による「ウナギのなぞを追って」実践の単元計画（全7時間）である。なお，実際の指導における学習課題の後に，該当する上記の学習課題の類型を表記した。

【第1次（2時間）】
①全文を読み，1文感想を書き，交流。
②音読や難語句，新出漢字の練習。
【第2次（4時間）】
③全文を読み，ウナギが卵を産む場所にたどり着くまで，調査グループは「何種類」の「推理」をたてているのか，根拠をもとに考える。←6）同じ仲間はどれか…？ **（類別）**
④どの「推理」に感動したのか（どの「推理」が一番すごいと思ったのか）を出し合い交流。←5）取り上げている事例の中で，「一番はこれだ！」**（優劣）**
⑤12段落と13段落に矛盾はないかを考え，矛盾に気づけば，どのようにすれば，整合性のある説明文になるのかを検討する。←12）題名と内容・冒頭部と本論部・冒頭部と結論部・結論部と本論部はつながっているか…？ **（整合性）**
⑥「題名」は「ウナギのなぞを追って」でいいかを考え，自分なりに納得できる題名に書き換える。←13）題名はこれでいいと思うか…？⇒題名を書き換えてみよう。**（妥当性）**
【第3次（1時間）】
⑦算数の文章題で，「推理」を働かせて問題を解く。
（例）太郎君が1000円を持って，おつかいに行きました。まず，パン屋さんで1個250円のパンを2個買いました。次に，くだもの屋さんで1個120円のりんごを2個買いました。最後にぶんぼうぐ屋さんで1個80円の消しゴムを1個買いました。おつりはいくらでしょう。
●次のように考えれば（推理すれば），この問題はとけるはずです。
　★これで（たぶん・ぜったい）まちがいありません。
●これを式にすれば，次のようになります。　　★答えは（　　　　　円）です。

　第2次では，前述の学習課題の類型を用いて，学習指導が構想されていることがわかる。また，長崎実践の特長として，第2次で中心的な学習内容とした「推理」を用いて，第3次では，算数の文章題に応用しているところがあげられる。

（正木友則）

【注】
1）上田祐二（2010）は，「批判的に読むことの基準として〈正しさ〉を持ち込むことには，〈正しさ〉を認定する根拠の信頼性の問題が生じる。しかしながら，〈期待される筆者像〉に求められる完全性は〈正しさ〉とは異なる。なぜなら，その完全性は読者の期待値によって保証されればよいからである」（p.31）と「読者の期待値」という考え方を提示する。

【文献】
上田祐二（2010）「批判的に読むことの授業づくりの視座―説明的文章指導における批判の基準の検討を通して―」，北海道教育大学旭川校国語国文学会［編］『旭川国文 第21，22合併号』pp.26-40
倉沢栄吉・青年国語研究会（1972）『筆者想定法の理論と実践』，共文社
長崎伸仁［編著］（2008）『表現力を鍛える説明文の授業』，明治図書
長崎伸仁・正木友則（2015）「説明文教材で，学習者に『判断』をうながす『仕掛け』のバリエーション」，第128回全国大学国語教育学会兵庫大会自由研究発表資料
藤川大祐（2011）「発問とその前提―発問の論理に関する考察―」『授業実践開発研究 第4巻』pp.1-6
松下佳代・京都大学高等教育研究開発推進センター［編著］（2015）『ディープ・アクティブラーニング―大学授業を深化させるために―』，勁草書房
溝上慎一（2014）『アクティブラーニングと教授学習パラダイムの転換』，東信堂
森田信義（1989）『筆者の工夫を評価する説明的文章の指導』，明治図書

2 説明文教材の学習課題とアクティブ・ラーニングの授業づくり

①どこが似ている？　どこが違う？　仲間探しをしよう！

教材名　「歯がぬけたらどうするの」（東京書籍）

1年

1．学習課題

> 紹介されている国は，どこが似ているかな？　どこが違うかな？　仲間探しをしよう！

■ 課題の工夫

五つの国で仲間探しをするという学習課題に取り組むことを通して，「似ているところ」と「違うところ」を整理したり，根拠を明らかにして「ラベリング」したりする。

■ 単元名

いろいろな国の風習を比べよう。

■ 単元のねらい（目標）

五つの国の事例を比較し，似ているところ，違うところを的確に捉えることができる。

■ 教材の特性

本教材は，絵本『はがぬけたらどうするの？』（フレーベル館）で紹介されている64の地域のさまざまな言い伝えや風習の中から，5か国が教材として抜粋されている。児童たちは乳歯が生え変わる時期であり，自分を重ねて興味深く読むことができる教材であろう。

■ 単元の概要

まず，事例を比較し，「似ているところ」と「違うところ」を読み取るとともに，根拠をもって仲間探しを行う。さらに第3次では，原作の絵本で紹介されている他の国々にも読みを広げ，自分で考えた仲間分けに付け加えていく。

■ 単元指導計画　　全6時間

第1次　歯が抜けたらどうしているか話し合おう！　　　　　　　　　　　　　　（1時間）
　①自分の歯が抜けたらどうしているかな？　その理由について話し合おう。

第2次　「似ているところ」と「違うところ」を探して，仲間探しをしよう！　　　（3時間）
　②どうして歯が抜けた時に，そうするのかな？　「似ているところ」と「違うところ」を表にまとめよう。
　③紹介されている国は，どこが似ているかな？　どこが違うかな？　仲間探しをしよう！　**本時**
　④自分だったら，どのやり方を一番やってみたいですか？

第3次　世界の「歯がぬけたらどうするの」の中から，仲間探しをしよう！　　　（2時間）
　⑤他の国々の方法も調べて，仲間探しをしよう！
　⑥できたグループ分けをみんなで知らせ合おう！

2．授業展開（第3時／6時間扱い）

導入（10分）

まず，前時の学習を振り返り，それぞれの国のやり方には，「似ているところ」と「違うところ」があったことを確認する。

T：どんな国でどんなやり方をしていましたか？「似ているところ」や「違うところ」は，どんなところでしたか？

展開（30分）

次に，紹介されている5か国に，日本を加えた6か国から仲間探しをすることを伝える。個々で仲間探しに取り組み，その後，ペアや全体で交流する。

T：今日は，五つの国に自分たちの国，日本を入れて六つの国から仲間探しをしたいと思います。どうしてそのような仲間にするのか，理由も考えましょう。

C：（ワークシートに，グループ分けとそのチームのラベリングをする）

C：僕は，寝る時に枕の下や枕元に置くチームと，どこかへ投げたりするチームに分けます。

C：私は，ねずみに関係があるチームと，ねずみに関係がないチームに分けます。

C：りっぱな歯が生えるようにと思っているチームと，お金やプレゼントがもらえるチームに分けます。

まとめ（5分）

最後に，交流をふまえて，もう一度自分の考えをワークシートにまとめる。友達の考えと自分の考えの「似ていたところ」，「違ったところ」を意識させ，特に自分とは異なる仲間分けをしていて「なるほど！」と思った考えは，必ず書き残すように指導する。

ALのポイント ここでは，六つの国の方法から，仲間探しをする活動を通して，それぞれの文章の要点を捉えて，比較しながら考える力を育成する。仲間探しをするという学習課題を設定することで，「似ているところ」と「違うところ」を意識しやすくし，比較する視点，分類する視点を自ら考えることができる。このことにより，児童の主体的な学び，深い学びにつなげられると考える。個（自分の考えをまとめる）⇒ペア（根拠をもって話し合う）⇒全体（考えを広げたり深めたりする）⇒個（自分の考えを再構成する）の学習過程をたどることで，より思考を活性化させることができると考えた。

②どちらの題名の方がいいかな？

教材名　「みぶりでつたえる」（教育出版）

1．学習課題

> 題名を，先生が考えた題名にかえてもいいかな？
> どちらの題名の方がいいかな？

課題の工夫

教師があえて説明内容と「ズレ」のある題名の代案を提示し，「この題名でもいいかな？」と問うことで，「その題名ではふさわしくない」と考える根拠や理由を話し合わせる。

単元名

身振りを使うと，どんないいことがあるのかな？

単元のねらい（目標）

動作化や，題名を比べる活動を通して，身振りの働きや効果を読み取ることができる。

教材の特性

本教材は，身振りを用いることのよさを，事例をもとに身振りの働きや効果をあげて説明している文章である。全ての事例に対応する挿絵があり，児童が理解しやすいように配慮がされている。一方，「身振りは言葉と併せて使うもの」という点が伝わりにくい書きぶりである。

単元の概要

まず，挿絵と文章とを対応させることで事例を捉えた後，身振りを使う場面を想定し，ペアで身振りを動作化する活動を通して，本教材で説明されている「身振りの働きや効果」を確認・検証する。その後，題名を比較する活動によって，身振りと言葉の関係を考えさせる。

単元指導計画　　全7時間

第1次　身振りって何だろう？　　　　　　　　　　　　　　　　　　　　　（1時間）
　①この身振りは何を表しているかな？　身振りクイズをしよう！

第2次　書かれていることって本当かな？　身振りを使って，確かめてみよう！　（5時間）
　②どんな身振りが出てきますか？　その身振りは何を表していますか？
　③身振りは，本当に言葉の代わりをするのかな？　ペアで場面を考えて，試してみよう！
　④身振りを使うと，伝えたいことを上手く伝えられるのかな？（活動は第3時と同じ）
　⑤身振りを使うと，本当に気持ちがよく伝わるのかな？（活動は第3時と同じ）
　⑥題名を，先生が考えた題名にかえてもいいかな？　どちらの題名の方がいいかな？　**本時**

第3次　お家の人に，身振りをおすすめしよう！　　　　　　　　　　　　　（1時間）
　⑦「こんな時には，この身振り！」お家の人に，おすすめの身振りカードを作ろう。

2．授業展開（第6時／7時間扱い）

導入（10分）

教師が考えた題名を示して児童の興味を喚起させるとともに，本時の学習課題を意識させる。

- T：昨日に続いて，今日も「みぶりをつたえる」の勉強をします。（いつも「みぶりでつたえる」と板書しているところに，「みぶりをつたえる」と書く）
- C：先生，違います。「みぶりをつたえる」じゃなくて，「みぶりでつたえる」です。
- T：そうだっけ。「みぶりをつたえる」でも，よくない？　題名をかえてもいいですか？

展開（30分）

第1学年では，複雑な学習活動は避けたい。いくつかの題名を一度に提示して比べるのではなく，常に二つの題名を比べるという，「シンプルな思考」を促す学習活動を展開する。

- T：「みぶりでつたえる」と「みぶりをつたえる」の，どちらの題名がいいと思いますか？（判断を促し，各自で黒板にネームプレートを貼らせる）意見を言える人はいますか？
- C：「みぶりを〜」だと，伝えることが「みぶり」になってしまいます。
- C：人に，気持ちや考えを伝える時に，身振りを使うとよく伝わると書いてあるので，伝えるのは，気持ちや考えです。だから，「みぶりで〜」の方がいいと思います。
- T：なるほど。気持ちや考えを伝えるために，身振りが大切なのですね。
- T：では，「みぶりがたいせつ」はどうですか？　「みぶりでつたえる」とどちらの方がいいかな？
- C：私は，「みぶりがたいせつ」だと，身振りが一番大切っていう感じがするから，もとの題名の方がいいと思います。
- C：「ことばだけでなく」って書いてあるから，言葉も大切だと思います。
- T：では，「みぶりでもつたえる」はどうですか？　もとの題名とどちらの方がいいかな？
- C：言葉と身振りの両方で伝えるから，「みぶりでも〜」の題名に賛成です。
- C：反対！　4段落に「ことばのかわり」と書いてあるから，言葉はなくても伝わると思う。

まとめ（5分）

- T：最後にもう一度，「みぶりでも〜」と「みぶりで〜」のどちらの題名がいいと思うか，自分の考えをネームプレートで教えてください。最初と考えが変わった人は，裏返して貼ります。

> **ALのポイント**　児童の立場の可視化がポイント。「どちらの題名がいいか」を判断させる場面では，3回ともネームプレートを用いて可視化する。特に3回目は，立場の「ズレ」が予想されるため，可視化によって立場の異なる児童との意見交流を促し，考えを広げ，深めさせることができる。

③どの「つくり」を書いた方がいいかな？

1年

教材名 「じどう車くらべ」（光村図書）

1．学習課題

> みんなが考えたクレーン車の「つくり」の中で，
> どの「つくり」を書いた方がいいかな？

課題の工夫
「自動車同士を比べる」，「自分たちで考えたことと筆者の考えを比べる」，という二つの「比べる」活動を取り入れる。比較させることを通して，判断を促し，交流を生み出す。

単元名
比べながら読もう。

単元のねらい（目標）
自動車の仕事とつくりの関係を理解し，仕事に応じた適切なつくりを考えることができる。

教材の特性
自動車の説明が，「〜は，…しごとをしています。」，「そのために，…つくってあります。」の2文型で構成されていることから，児童にとって読みやすく理解しやすい教材である。

単元の概要
まず，紹介されている自動車が，それぞれの「しごと」に適した「つくり」になっていることをつかませる。その後，「重いものを吊り上げるしごと」をするクレーン車はどのような「つくり」になっているかを二つに絞って考えた上で，筆者の書いた文章と比較する活動を行う。

単元指導計画　　全8時間

第1次　車について，知っていることを話し合おう！　　　　　　　　　　　　　　（1時間）
　①知っている車について考えよう。どんな特徴があったかな？

第2次　仕事とつくりを読み取ろう！　　　　　　　　　　　　　　　　　　　　　（5時間）
　②バスや乗用車の仕事とつくりの関係について読み取ろう。
　③トラックの仕事を読んで，どんなつくりになっているのか考えよう。
　④みんなで考えたクレーン車の「つくり」の中で，どの「つくり」を書いた方がいいかな？
　　　　　　　　　　　　　　　　　　　　　　　　　　　　　　　　　　　　　　本時
　⑤みんなで考えたはしご車の「つくり」の中で，どの「つくり」を書いた方がいいかな？
　⑥「じどう車くらべ」に出てくる自動車の中で，いちばんすごいと思う自動車はどれかな？

第3次　他の自動車の「しごと」と「つくり」を紹介しよう！　　　　　　　　　　（2時間）
　⑦・⑧調べた自動車を，カードに書いて紹介しよう。

2．授業展開（第4時／8時間扱い）

導入（10分）

まずは，これまでに学習したじどう車の「しごと」と「つくり」について振り返る。

T：これまでにどんなじどう車を比べてきましたか。そのじどう車は，どんな「しごと」をするためにどんな「つくり」になっているのでしょう。

展開（30分）

T：今日は，クレーン車のつくりをみんなで考えましょう。まずは，クレーン車のしごとをみんなで読みます。

C：クレーン車は，おもいものをつりあげるしごとをしています。

T：そのために，どんなつくりになっているのでしょうか？　自分たちで考えてみましょう！

C：（「そのために，」に続く形で，ワークシートに書く）

C：そのために，「大きなクレーン」がついています。

C：そのために，クレーンの先には「強いフック」が付いています。

C：そのために，「大きなタイヤ」がたくさん付いています。

C：そのために，「長くて大きなクレーン」が付いています。

T：たくさん考えられたね。この中で二つだけ選ぶとしたら，どれとどれを選んで書きますか？

C：クレーン車だから，「大きなクレーン」は絶対書いたほうがいいと思います。

C：わたしも，つりあげる仕事にはクレーンがいるから，書いたほうがいいと思います。

T：（児童の考えを2文にまとめて書く）では，「じどう車くらべ」にはどのように書かれているのか，教科書を読んで，みなさんが考えたものと比べてみましょう。

T：みなさんが書いたものとどこが違っていますか？　この説明文を書いた人はどうしてこのように書いたのでしょう？　どちらがいいですか？

まとめ（5分）

最後に，クレーン車の「仕事とつくり」を再度全員で確認し，学習感想をまとめる。

ALのポイント　ここでは，「仕事」から「つくり」を考え，自分たちの考えと筆者の書いたものとを比較する活動を通して，論理的に考える力を育成する。個（自分の考えをまとめる）⇒全体（比較，検討）⇒全体（本文との比較）の過程をたどることで，自分なりの考えや思いをもって本文を読ませたい。また，自分の知識や経験とつなげながら考えられるようにすることで，より主体的な学びにつながるであろう。

④ライオンの赤ちゃんとしまうまの赤ちゃんが「けんか」をしたら…どちらが強いかな？

教材名 「どうぶつの赤ちゃん」（光村図書）

1．学習課題

> ライオンの赤ちゃんとしまうまの赤ちゃんが「けんか」をしたら…どちらが強いかな？

課題の工夫
「しまうまよりライオンの方が強い」という児童のイメージを揺さぶる学習課題である。「もしけんかをしたら」と，わくわくするような場面を設定し，「どちらが強いか」という視点を与えることで，ライオンとしまうまの赤ちゃんを比べながら，楽しく学ばせたい。

単元名
違いを考えて読もう。

単元のねらい（目標）
ライオンとシマウマの赤ちゃんの様子や成長の仕方の違いを，比べながら読むことができる。

教材の特性
ライオンとしまうまの赤ちゃんについて，共通の観点（大きさ・目や耳の様子・親と似ているかどうか・移動の様子・食事の様子）で説明されているため，事例を比較しやすい教材である。捕食−被食の関係にある動物が取り上げられていることに，筆者の意図がうかがえる。

単元の概要
一貫して，ライオンとしまうまの赤ちゃんを比較しながら，説明内容の読みを進めている。児童が「わくわくするような視点」を与えることで，楽しく学習させることを意識している。

単元指導計画　　全7時間

第1次　ライオンとしまうまでは，どちらが強いか考えよう　　　　　　　　　　　（1時間）
　①（教材を読む前に）ライオンとしまうまが「けんか」をしたら，どちらが強い？

第2次　ライオンの赤ちゃんとしまうまの赤ちゃんを比べながら読もう　　　　　（5時間）
　②**ライオンの赤ちゃんとしまうまの赤ちゃんが「けんか」をしたら，どちらが強い？**　**本時**
　③・④生まれたとき，1週間後，2か月後，1年後では，「けんか」をしたら，どちらが強い？
　⑤ライオンとしまうまの赤ちゃん，どちらの方がすごい？「すごい」と思ったことを書こう。
　⑥赤ちゃんの大きくなるスピードが，ライオンとしまうまで反対だったら…大丈夫かな？

第3次　ライオンとしまうまのお母さんが，「ママ会」で話をしているよ！　　　（1時間）
　⑦それぞれの赤ちゃんの自慢や子育ての大変なところを，お母さんになって話してみよう！

2．授業展開（第2時／7時間扱い）

導入（10分）

前時を振り返った後，教材を読む前に本時の学習課題を提示する。

T：前の授業で，みんなは「ライオンとしまうまではライオンのほうが強い」と言っていたね。では，ライオンとしまうまの赤ちゃんが「けんか」をしたら，どちらが強いと思いますか？

C：やっぱり，ライオンだと思います。赤ちゃんでも，きっと同じです。

T：自分が強いと思う方を決めて，黒板にネームプレートを貼りましょう。

展開（30分）

教材を読んだ上で，再度，本時の学習課題に対する考えをもたせ，各自の考えを話し合う。

T：どうですか？　みんなの思っていた通り，ライオンの赤ちゃんの方が強そうかな？

C：うん，やっぱりライオンの赤ちゃんです。

C：いや，しまうまの赤ちゃんの方が，強いかもしれない…。

T：人によって考えに違いがありそうですね。それでは，最初と考えが変わった人は，黒板のネームプレートを，裏返して色を変えて移動させましょう。

C：色が変わっていないC1さんに，どうしてか，理由を聞いてみたいです。

C1：私は，ライオンの赤ちゃんが強いと思います。ライオンの赤ちゃんは，「えもののとりかたをおぼえます。そしてじぶんでつかまえてたべるようになります。」と書いてあるからです。

C2：僕は，しまうまの赤ちゃんの方が強いと思います。ライオンの赤ちゃんは，「子ねこくらいの大きさ」で，「よわよわしくて」と書いてあるからです。

C3：なんか，おかしい。話している時が違います。いつのことかで，変わってきます。

C4：ライオンは1年後のことで，しまうまは生まれたばかりのことだから，比べられない。

T：なるほど。では，どうやって比べたらいいのでしょうか？

C：両方とも，「生まれたとき」の様子で比べる。他にも「いつ」を表す言葉があります。

C：しまうまは，30分，次の日，7日で，ライオンは，2か月，1年と書いてあります。

まとめ（5分）

T：次の時間からは，「生まれたとき」，「7日後」，「2か月後」，「1年後」で，どちらの方が強いかを考えていきましょう。

AL のポイント　表裏で色が異なるネームプレートを用いることで，考えの変容が一目で分かる。「誰の意見を聞いてみたい？」と投げかけることで，児童同士の考えの交流を促すことがポイントである。

2年

①アニメにするとしたら，主人公は「たんぽぽ」？「わた毛」？「たね」？

教材名 「たんぽぽのちえ」（光村図書）

1．学習課題

> 「たんぽぽのちえ」をアニメにするとしたら，
> 主人公は「たんぽぽ」？「わた毛」？「たね」？

■課題の工夫

どの学年でも言えることであるが，特に低学年の場合のよい学習課題の条件は，「何を考えればよいかが明確で分かりやすいこと」である。「アニメにするとしたら」という**物語的な視点**と**選択肢**を与えることで，児童は説明の中心をイメージ豊かに読み深めることができる。

■単元名

たんぽぽには，どんな「ちえ」があるのかな？―「たんぽぽのちえ」は何のため？―

■単元のねらい（目標）

時間の順序や理由を表す言葉に着目して読み，内容をもとに題名を検討することができる。

■教材の特性

たんぽぽの花が咲いてから，種子が綿毛で飛んでいくまでの様子が説明されている紹介・観察型説明文である。「ちえ」に代表される擬人的な表現が特徴的である。

■単元の概要

単元前半は「ちえがある」という視点を軸に，時間の順序を表す言葉や接続語等に着目させるために教材の並べ替え等を行う。後半は，読み取ったことを題名の書き換えに生かしたい。

■単元指導計画 　　**全7時間**

第1次 「たんぽぽ」に手紙を書くとしたら，どんなことを書きますか？ （1時間）
　①「たんぽぽさんって，ちえがあるね。だって…」に続けて，たんぽぽに手紙を書こう！

第2次 たんぽぽの「ちえ」に着目して，読み進めよう （5時間）
　②みんなは，たんぽぽのどんな「ちえ」を，手紙に書いたかな？
　③「たんぽぽのちえ」には，たんぽぽの「ちえ」が，いくつ書かれているかな？
　④・⑤「すごい」と言う人が多い「ちえ」の順に，文章を書き直してみたよ。いい文章かな？
　⑥この説明文をアニメにするとしたら，主人公は「たんぽぽ」？「わた毛」？「たね」？
　　　　　　　　　　　　　　　　　　　　　　　　　　　　　　　　　　　　　　本時

第3次 おすすめの題名を考えて，筆者に教えてあげよう！ （1時間）
　⑦題名を書き換えるとしたら，どんな題名にする？ おすすめの題名を筆者に手紙で伝えよう。

2．授業展開（第6時／7時間扱い）

導入（10分）

まず，本教材で最も多く用いられている語について予想させることで，本時の学習課題への方向づけを行う。

T：「たんぽぽのちえ」の中で一番たくさん出てくる言葉は何だと思いますか？
C：「たんぽぽ」だと思います。
T：では，教科書を読んで確かめてみましょう。
C：一番多いのは，「わた毛」です！　次に，「たんぽぽ」と「たね」が多く出てきます。

展開（30分）

T：「たんぽぽのちえ」という説明文だけど，「たんぽぽ」だけではなくて，「わた毛」と「たね」という言葉もたくさん出てくることが分かりましたね。
T：この「たんぽぽのちえ」という説明文を，アニメにすることになったとします。みんながアニメを作る人だったら，主人公は「たんぽぽ」，「わた毛」，「たね」の中のどれにしますか？
C：三つとも同じくらいずつ出てくる言葉だから，迷っちゃうな…。
T：この説明文をお話にするとしたら，主人公にぴったりなのはどれかな？
C：（三つの中から自分が主人公にするものを選び，ワークシートに理由を書く）
T：では，黒板の自分が選んだものの図の下にネームプレートを貼って，考えを発表しよう。
C1：「わた毛」を主人公にします。10段落に「あちらこちらにたねをちらして」と書いてあって，そのために一番大切なのは「わた毛」だと思うからです。
C2：「たね」を主人公にします。そして，「たんぽぽ」を「たね」のお母さんにします。「たねを太らせる」と書いてあって育てているからです。「わた毛」は主人公の乗り物です。
C3：やっぱり「たんぽぽ」が主人公にぴったりだと思います。書いてあるのは全部「たんぽぽ」がやったことだし，「わた毛」と「たね」も，「たんぽぽ」の体の一部だからです。

まとめ（5分）

T：最後にもう一度，「たんぽぽ」，「わた毛」，「たね」のどれを主人公にしようと思うか，自分の考えをネームプレートで教えてください。最初と考えが変わった人は，裏返して貼ります。

ALのポイント　ネームプレートによる立場の可視化で，意見の「ズレ」をもとに話し合うだけでなく，同じ立場同士で意見交流する場面を設定し，他者の発想に学ぶこともできるようにする。「アニメにする」という発想は物語的だが，話し合いは文章にもとづいた論理的なものにすることも重要。

2年

②獣医さん，その仕事は明日もしますか？　1年後もしますか？

教材名　「どうぶつ園のじゅうい」（光村図書）

1．学習課題

> 獣医さんは，七つの仕事を，明日もするのかな？　1年後もするのかな？

課題の工夫
「次の日もするか，1年後もするか」と判断を促すことで，獣医の仕事の内容と目的，さらに，「ある日」における動物たちの状況までを，仕事の分類も視野に読み取らせることができる。

単元名
獣医さんの仕事の「ひみつ」をさぐろう！

単元のねらい（目標）
時間的な順序を表す言葉や，分類の視点から，獣医の仕事を読み取ることができる。

教材の特性
「わたしは…」と一人称で語られているのが特徴的な本教材は，獣医の仕事を，一日の流れに沿って紹介している文章である。本論部では，各段落の冒頭に時間を表す言葉があり，時間の流れや順序を意識して読み進めることができる。また，「ある日」の仕事を説明していることにより，文章中には，「毎日決まってする仕事」と「この日だけの仕事」が混在している。

単元の概要
単元前半では，文章構成（はじめ・なか・おわり）や時間的な順序を表す言葉に着目す学習，後半は，仕事の分類や，「どこまでを獣医の仕事と見なすか」という解釈の交流も行っている。

単元指導計画　　全9時間

第1次　人間のお医者さんと獣医さんを比べて読もう　　　　　　　　　　　　　　（1時間）
　①人間のお医者さんと獣医さんを比べて，「獣医さんってすごい！」と思ったことを書こう。

第2次　獣医さんはどんな仕事をしているかな？　　　　　　　　　　　　　　　　（6時間）
　②「どうぶつ園のじゅうい」を三つのまとまりに分けよう。
　③先生が順番を入れ替えた文章を，教科書を見ないで並べ直してみよう。
　④「なぜ？　なぜ？　獣医さん！」インタビューをして仕事をする「わけ」を読み取ろう！
　⑤・⑥獣医さんは，七つの仕事を，明日もするのかな？　1年後もするのかな？　　**本時**
　⑦8段落のお風呂に入ることは獣医さんの「仕事」と言えるかな？　言えないかな？

第3次　獣医さんである筆者に手紙を書こう！　　　　　　　　　　　　　　　　　（2時間）
　⑧・⑨うえだみやさんに，「すごいね！　がんばっているね！　レター」を書こう！

2．授業展開（第5・6時／9時間扱い）

導入（10分）

　まず，前時までの学習を振り返る中で，獣医の仕事内容を思い出させる。教師が「毎日同じ仕事で大変だね」と，とぼけることで，児童の思考を揺さぶる。

T：獣医さんのお仕事は七つありましたね。覚えていますか。
C：「見回ること」と，「いのししのおなかに赤ちゃんがいるかを見ること」と…。
T：そうでしたね。毎日見回りをして，毎日いのししを見て，毎日日本ざるに薬飲ませて，毎日ワラビーの歯の治療をして…毎日同じ仕事で，獣医さんは大変ですね。
C：えっ，…毎日同じ仕事ではないと思います！
T：獣医さんの七つの仕事のうち，どれが「毎日の仕事」なのでしょうか。

展開（30分）

　2人1組でインタビューごっこを行う。まず，教師がインタビュアー役，児童が獣医役として，インタビューの方法を実演し，一つの仕事ごとに役割を交代しながら行うことを伝える。

T：では，インタビューごっこで「獣医さん，その仕事は明日もしますか？　1年後もしますか？」と，聞いてみましょう。そうすれば「毎日の仕事」かどうか分かってくるかもしれないよ。
C1：獣医さん，日本ざるに薬を飲ませる仕事は，明日もしますか？
C2：明日もします。日本ざるは頭がいいので，怪我が治るまでは工夫して薬をあげます。
C1：なるほど。では1年後もその仕事をしていますか？
C2：1年後はしていないと思います。
C1：なぜしないのですか？

	シャワー	日記	ペンギン	ワラビー	さる	いのしし	見回り
明日	〇	〇	×	×	〇	〇	〇
1年後	〇	〇	×	×	×	×	〇

C2：1年後には怪我も治っていると思うので，もう薬は飲ませなくても大丈夫だからです。

まとめ（5分）

　最後に，各ペアがまとめた表をもとに，班で話し合い，獣医の仕事には「毎日する仕事」と「この日だけの仕事」があるということを，全体で確認する。

ALのポイント　獣医になりきってインタビューに答えるという対話的な活動において，児童は書かれている内容を再構成し，時に生活経験も交えて語ることになる。対話を通して，「毎日の仕事」か「この日だけの仕事」か，を考えるだけでなく，自分と相手の考えの違いに気づいたり，相手の考えのよさや面白さを感じたりすることができるだろう。

③「〈すごい vs. 賢い〉メーター」をつくろう！

教材名　「ビーバーの大工事」（東京書籍）

1．学習課題

> ビーバーはすごい？　賢い？　読んで感じたことを
> 「〈すごい vs. 賢い〉メーター」で表そう！

課題の工夫
　ビーバーの行動に対して、「すごい」と「賢い」のどちらの気持ちをより大きく感じたかをメーターで表現させることで、「説明内容の読み取り」に加えて、「解釈」を促し、読みを深める。

単元名
　「ビーバーのひみつ」と「『大工事』のひみつ」を考えよう！

単元のねらい（目標）
　ビーバーの様子や筆者の工夫を読み取り、内容と題名との整合性を考えることができる。

教材の特性
　「あんぜんなすを作る」ために、ビーバーが木を切り倒す様子、ダムを作り、巣を作る様子が書かれた紹介・観察型説明文である。ビーバーの行動だけでなく、擬音語や数値、比喩などの筆者による文章表現上の工夫によって、巣作りが「大工事」であることが表現されている。

単元の概要
　一貫して、「大工事と思えるのはどの部分か」という視点で、説明内容を確認する読みを進めている。その上で、「〈すごい vs. 賢い〉メーター」を用いて、自分なりに解釈する読みを行うとともに、「大工事」であることを表現する筆者の工夫を評価する読みを行っている。

単元指導計画　　全8時間

第1次　どうしてビーバーの「大工事」なのでしょうか？　　　　　　　　　（1時間）
　①「ビーバーって□□□！」の、□□□の中にどんな言葉を入れますか？　その理由は？
　　題名を「ビーバーの大工事」ではなくて、「ビーバーの工事」に替えてはダメですか？

第2次　「大工事」と題名をつけた筆者に、賛成ですか？　反対ですか？　　　（5時間）
　②〜④「大工事」だと思うのはどこですか？／「〈すごい vs. 賢い〉メーター」をつくろう！
　／「大工事」という題名に賛成ですか？「〈賛成 vs. 反対〉メーター」をつくろう！　**本時**
　⑤ビーバーの1日のスケジュール表を作ってみよう！
　⑥（擬音語、数値、比喩表現を省いた教材文を提示して、）もとの文章と何が違うでしょうか？

第3次　「ビーバーの大工事」の筆者の真似をして、オリジナル説明文を書こう！　（2時間）
　⑦・⑧筆者の書き方を真似して、他の動物や昆虫の説明文を書こう！

2．授業展開（第2時／8時間扱い）

導入（10分）

　まず，大きな発問で，「木を切りたおすビーバー」（第3時は「ダムを作るビーバー」，第4時は「すを作るビーバー」）におけるビーバーの行動をあげさせ，本時の課題につなげる。

- **T**：今日は，「木を切りたおすビーバー」のところを読みます。ただの「工事」ではなくて「大工事」だと思うのは，どんなところですか？
- **C**：「ドシーン，ドシーン」と，あちこちで木を次々に切り倒すところです。

展開（30分）

- **T**：前の時間に考えた，「ビーバーって□□□！」で，ビーバーは「すごい」って思った人と，「賢い」って思った人が多かったのだけれど，みんなはどっちの意見かな？
- **C**：「すごい」とも「賢い」とも思えるなぁ…。
- **T**：では，みんなが「すごい」と「賢い」のどっちの気持ちの方が大きいか，「〈すごい vs. 賢い〉メーター」で表してみよう。（メーターの記入方法，理由を書くことを説明する）

> 「〈すごい vs. 賢い〉メーター」の例（該当する○印を鉛筆で塗りつぶす）
> 〈すごい〉 ○ ○ ○ ○ ○ 〈賢　い〉

- **C**：（ワークシートに，自分の考えを〈すごい vs. 賢い〉メーターで表し，理由を書く）
- **T**：それではまず，黒板のメーターの自分が黒く塗ったところに，ネームプレートを貼ろう！
- **T**：考えを聞いてみたい友達はいますか？（C：C1さん！）C1さん，理由を教えてくれるかな？
- **C1**：木を歯で切ることとか，全部「すごい」と思ったから，1番左にしました。
- **C2**：左から2番目。歯で切るのは「すごい」けど，短く切るところは「賢い」と思うから。

まとめ（5分）

　最後に，本時の学習を振り返り，「大工事という題名に賛成か反対か」をメーターで表現する。

- **T**：今日は，「〈すごい vs. 賢い〉メーター」を作りながら，ビーバーが工事をする様子を読み取りました。「木を切りたおすビーバー」を読んで，題名は，「大工事」がいいなぁと思いましたか？　それとも，「工事」でもいいと思いましたか？「〈賛成 vs. 反対〉メーター」で，自分の考えを表しましょう。（ワークシートにメーターと理由を書かせる）

> **ALのポイント**　「〈すごい vs. 賢い〉メーター」は，文章中の叙述を根拠にするとはいえ，各児童の主観的な判断によるものであり，児童間のメーターには「ズレ」が生まれる。ネームプレートを用いて各自の考えを黒板上で可視化する等，「ズレ」をもとに互いの考えを話し合わせるのがポイント。

④ 「人生って大変だよ！ ランキング」をつくろう！

教材名 「さけが大きくなるまで」（教育出版）

1．学習課題

> さけの人生で一番大変なことは？
> 「人生って大変だよ！ ランキング」を考えよう！

課題の工夫

さけの四つの行動場面を取り上げて「ランキングづくり」をすることを通して，書かれている知識・情報を整理して比較する（客観的な読み）とともに，「大変」という視点からの順位づけを，さけになりきって行うことで，自分なりの解釈をもつ（主観的な読み）ことができる。

単元名

さけの一生を絵に描いて紹介しよう　〜人生っていろいろ大変だよ！〜

単元のねらい（目標）

さけの成長過程を，絵や写真と対応させながら，イメージ豊かに読み取ることができる。

教材の特性

本教材は，さけの一生についての説明文である。時と場所，大きさや様子を表す言葉に着目しながら，説明内容をイメージして読むことが大切である。「場所」と「時間の経過」，「成長の様子」とともに，産卵⇒孵化⇒稚魚⇒成魚⇒産卵…と循環するさけの一生を捉えさせる。

単元の概要

教材の特性と発達段階から，絵と文を対応させ，想像させながら読むことが重要である。読み取ったことを絵に描いてイメージを具体化して共有したり，「大変だな」と考えたことを話し合ったりすることを通して，自分たちなりに解釈しながら読む力をつけさせたい。

単元指導計画　　全8時間

第1次　さけについて，どんなことを知っていますか？　　　　　　　　　　　　　（1時間）

　①さけってどんな魚かな？　知っていることを話し合おう！

第2次　さけの一生を絵に描いてみよう！　　　　　　　　　　　　　　　　　　（5時間）

　②「時」，「場所」，「大きさ」，「様子」を読み取ろう。

　③〜⑤「川を上って産卵するまで」を絵に描いてみよう。

　　（第4時：誕生してから海へ出るまで，第5時：海へ出てから誕生した川へ戻るまで）

　⑥さけの「人生って大変だよ！ ランキング」を考えよう。　　　　　　　　　　**本時**

第3次　ほかの生き物の一生を知らせよう！　　　　　　　　　　　　　　　　　（2時間）

　⑦・⑧ほかの生き物について，絵と文にかいて知らせよう。

2．授業展開（第6時／8時間扱い）

導入（10分）

まずは，1～10段落を音読し，文章全体を横断的に捉えさせる。

T：これまで，さけの一生について読んできましたね。今日は，さけの一生のなかで，「すごいな」「大変だな」と思うところはどこかを考えながら音読しましょう。

展開（30分）

次に，「ランキングづくり」を通して，「個⇒ペア⇒全体」と学びを深めたり広げたりする。

T：今日は，「人生って大変だよ！ ランキング」を考えます。さけの一生で「大変だな」「すごいな」と思うところはどんなところですか。

C：3メートルもある滝を乗り越えるところです。

C：砂や川底を，30センチメートルくらい掘るところです。

C：海で，さめやあざらしに，食べられないように暮らすことです。

T：①70cmのさけが3mの滝を乗り越え川上へ上る，②70cmのさけが尾びれで砂や小石の川底を30cm掘る，③5cm位のさけの子どもたちがいく日もいく日も川を下る，④8cm位のさけの子どもたちが川口から海へ出て暮らす，の四つの中では，さけにとってどれが一番「大変」なのでしょうか。四つを並べ替えて「人生って大変だよ！ ランキング」を考えましょう！

C：（ワークシートにランキングとその理由を書く）

T：隣の友達とランキングを話し合って，その理由も話してみましょう。

C：（2人1組のペアになって，どんなことが大変だと思ったのか，その理由はなぜか，どうしてその順番にしたのか，などを話し合う。）

T：では，このクラスの「人生って大変だよ！ ランキング」を話し合って決めましょう。

C：①が一番大変です。理由は，川の流れと反対向きに泳いだり，3メートルの滝を乗り越えたりするのは大変だからです。そして，海で生き残って川へ戻ってくることも大変です。

まとめ（5分）

友達の意見を踏まえ，もう一度，「人生って大変だよ！ ランキング」の順位を考えさせる。

ALのポイント ここでは，ランキングづくりを通して，文章全体を大きく捉えながら，さけの一生を循環的に理解させるとともに，個⇒ペア⇒全体⇒個の学習過程をとることで，より思考を活性化させることができる。個の読み（解釈と根拠）をしっかりともたせたうえで，ペアや全体での交流をさせること，再度個に戻してまとめることが重要であろう。

3年

① 「少しだけ役立っている」でもよいのでは!?

教材名 「自然のかくし絵」（東京書籍）

1．学習課題

> 「ずいぶん役立っている」に納得できるか？

課題の工夫

筆者は「ほご色」が「ずいぶん役立っている」と主張するが，「ずいぶん」という強調表現は，「少し」や「とても」に置き換えてもよいか？　と問い，「判断」を促したい。

単元名

段落ごとの中心を捉えて読もう。

単元のねらい（目標）

段落の要点を捉えて読むとともに，筆者の述べ方に自分なりの考えをもつことができる。

教材の特性

一貫して「役立っている」と述べているが，後半で「役立たない」場合も示しているため，「対比」させながら読む必要がある。また，第2段落で「役立つ」と言い切っているが，第12段落では「ずいぶん」とやや消極的な表現に変わる。この点も取り上げて検討させてみたい。

単元の概要

まず，2年で学習した教材「たんぽぽ」と比較しながら，文章構成を確認する。その後，事例について中心となる語を捉え「ネーミングづけ」の活動を行う。そして，「ランキングづけ」で事例の順序性に迫り，最後は，筆者の主張や述べ方について「評価」させる。

単元指導計画　　全7時間

第1次　比べながら読もう　　　　　　　　　　　　　　　　　　　　　　（2時間）
　①「自然のかくし絵」とは？
　②「たんぽぽ」と比べて考えよう。

第2次　筆者の説明の仕方について考えよう　　　　　　　　　　　　　　（4時間）
　③「〜ほご色」でネーミングをつけると？
　④三つの例で「すごいと思うランキング」にすると？
　⑤**筆者の主張「ずいぶん役立っている」に納得できるか？**　　　　　　　**本時**
　⑥題名は「自然のかくし絵」でよいか？

第3次　学習したことを活用しよう　　　　　　　　　　　　　　　　　　（1時間）
　⑦他の昆虫の保護色について調べ，ミニ説明文を書こう。

2．授業展開（第5時／7時間扱い）

導入（5分）

T：この説明文の「問い」は何でしたか。
C：3段落の「どのように役立っているのでしょうか。」です。
C：もう一つあります。8段落の「どんなときでも…」です。
T：それらの問いに対して，12段落で，筆者はスバリ答えています。一言で。
C：「…ずいぶん役立っているのです。」とまとめています。

展開（30分）

T：この「ずいぶん役立っている」が筆者の主張ですね。では，この「ずいぶん」という言葉に納得できますか。「とても」や「少し」に書き直してもいいですか。
C：（自分の立場を決め，黒板にネーム磁石を貼る。その後，自分の考えをノートに記述する）
T：それぞれ違う意見同士でペアになり，話し合いましょう。
C：（「納得できる」は赤帽子，「納得できない（書き直した方がよい）」は白帽子を被る。教室内を移動してペアを作り，話し合う）
T：全体で話し合います。誰の意見に一番「なるほど」と思うか，考えながら聞きましょう。
C：「ずいぶん」ではおかしいです。身を隠そうとしても，動いたら見つかってしまいます。これは完璧ではないということなので，「少し」とか「まあまあ」に変えた方がいいと思います。
C：「ずいぶん」に納得です。こん虫は，1日のうち決まった少しの時間だけ活動して，あとはじっと休んでいます。確かに完璧ではないけれど，ちゃんと役立っているんです。
C：賛成です。100％見つからないというわけではないので「とても」は言い過ぎだし，「少し」にすると「凄さ」が伝わらなくなります。「ずいぶん役立っている」が丁度いいです。

まとめ（10分）

T：結局，筆者は「役立つこと」「役立たないこと」どちらをアピールしたかったのだろうか。
C：「役立っている」ことを中心にして伝えたかったと思います。「役立たない」という例より「役立つ」という例の方が多く書かれていることからも分かります。
T：振り返りをノートに書きましょう。

ALのポイント　「ずいぶん」という語句が，どの程度の割合を指すのかについては，個々の「解釈」によるところが大きい。しかし，本文の「筆者の言葉」を根拠にしながら，それぞれの考えを自分の言葉で表現させ，検討する中で，筆者の「見方・考え方」に迫っていけるであろう。

② 「まいご」の絵文字から，「親しみ」を感じる…？

教材名 「くらしと絵文字」（教育出版）

1．学習課題

> 「まいご」の絵文字から，「親しみ」を感じる…？

課題の工夫

絵文字の例が，「筆者の説明と合うかどうか」を問い，「判断」を促す。児童は，自然と「事例と文章の対応」に注意しながら読み取っていくであろう。そして，叙述をもとに「妥当性」を吟味し，自分の言葉で表現させる。互いの考えを交流する中で，読みを深めていく。

単元名

オリジナルの「絵文字解説書」を作ろう。

単元のねらい（目標）

段落のつながりを捉えて読むとともに，筆者の説明に自分なりの考えをもつことができる。

教材の特性

本教材は，絵文字がくらしの中で多く使われている理由について，「三つの特長」をあげながら説明した文章である。絵文字の特長を「具体と抽象」の関係を用いて説明しており，段落相互の「つながり」を意識させながら，読み取らせる必要がある。

単元の概要

本教材では，「具体と抽象」の述べ方や，説明の順序性を捉え，事例の妥当性を吟味する。そして，「くらしに役立つ」，オリジナルの「絵文字解説書」を書く表現活動につなげる。

単元指導計画　全7時間

第1次　文章の仕組みを捉える　　　　　　　　　　　　　　　　　　（3時間）

①題名「くらしと絵文字」から，文章の内容を予想しよう。

②文章を「はじめ・中・終わり」に分け，筆者の考えをまとめよう。

③「パズル読み（文章と挿絵を対応させて読む）」で，段落相互のつながりを捉えよう。

第2次　筆者の説明の仕方を考える　　　　　　　　　　　　　　　　（3時間）

④絵文字の「三つの特長」で，自分のくらしに一番役立っているのはどれか？

⑤「昔・今・これから」の絵文字で，筆者が一番伝えたいのはどれか？

⑥「まいご」の絵文字から，「親しみ」を感じるか？　　　　　　　　　　**本時**

第3次　学んだことを活用しよう！　　　　　　　　　　　　　　　　（1時間）

⑦「わたしのおすすめ！　くらしに役立つ絵文字解説書」を作ろう。

2．授業展開（第6時／7時間扱い）

導入（5分）

T：どんな特長で，どんな絵文字が例として示されていましたか。

「中」の事例に着目し，それぞれの特長に対して，どの絵文字が例として示されていたかを確認する。第15段落のまとめの段落のどの言葉と具体的な絵文字の事例とが対応しているかどうかを板書で示す。

展開（30分）

T：第一の特長の，「見たしゅんかんに，その意味がわかる」には，納得できますか？

C：納得できます。確かに，天気予報が文字だけで書いているより，分かりやすいからです。

T：では，第二の特長では，「親しみ」や「楽しさ」を感じると言っています。「まいご」の絵文字は，「親しみ」を感じると言えるでしょうか…。納得できますか？　納得できませんか？（自分の考えをネームプレートで黒板に貼り，考えをノートに記述する）

C：「ペア・全体」で交流する。

C：迷子になったら，すごく怖いし，心配になるよ。可愛らしい絵文字で「親しみ」を感じさせるということだと思う。

C：8段落で，「やさしい心づかい」を感じる，言っている。これが「親しみ」ということ？

C：でも，「やさしさ」って「親しみ」とは違うよ。説明がよく分からない。

C：それに，8段落に「すぐわかります」と書いてあるから，第一の特長の「見たしゅんかんに」の例として使った方がいいんじゃないかなぁ。

まとめ（10分）

T：では，もう一度聞きます。「まいご」の絵文字は，「親しみ」を感じるという説明に納得できますか？　友達の考えを聞いて，意見が変わった人はネームプレートを裏返しましょう。（振り返りをワークシートに記述する。納得できない児童は，「親しみ」を書き換えたり，「まいご」の絵文字を，別の例に代えたりするなどの代案を示させる。）

ALのポイント　発達段階を考えて，「親しみ」という言葉は，曖昧で，事例と結び付けて理解しにくい。この点を取り上げ，「納得できるか？」と「判断」を促す。まずは，ネームプレートで，自分の立場を可視化させた上で，事例の「妥当性」を検討していく。それぞれの考えの「異質性」や「同質性」を比較する交流活動の中で，筆者による「事例選択」や「述べ方」について，自分なりの考えをもとにした「主体的な読み」を目指したい。

3年

③題名は本当に「すがたをかえる大豆」でいい？

教材名 「すがたをかえる大豆」（光村図書）

1．学習課題

> 題名は「すがたをかえる大豆」と「大豆を食べるためのちえ」の
> どちらがいい？

課題の工夫

題名として焦点を当てるべきは，「すがたをかえる」ことか，「ちえ」なのか，また他の考えがあるのか，と判断でしかけることによって，新たな読みの創造を促したい。

単元名

「すがたをかえる大豆」に「くふう」と「ちえ」から迫ろう！

単元のねらい（目標）

文章全体を視野に入れ，段落相互の関係について吟味することができる。

教材の特性

本教材には，九つの事例があげられる。大きく，「食べ方の工夫」と「育て方の工夫」に分けられる。しかし，第7段落の終わりには，唐突に「むかしの人々のちえにおどろかされます。」と書かれている。この「くふう」と「ちえ」との整合性に注目し，本論部と結論部，題名と本文との関係について吟味し，学習者の思考・判断を促すことができる。

単元の概要

一貫して，自分の考えをもち，他者と交流することを重視する。第1次では「一番○○」を考え，第2次では，「本当にそう言えるか」を考え，筆者に対して自分の考えをもたせたい。

単元指導計画　　**全7時間**

第1次　一番○○を考えよう　　　　　　　　　　　　　　　　　　　　　　（2時間）

　①九つの大豆食品の中で，一番「すがたをかえた」のはどれだろう？

　②九つの大豆食品の中で，一番「ちえ」を使うのはどれだろう？

第2次　筆者に対して，自分の考えをもち，交流しよう　　　　　　　　　　（3時間）

　③九つの大豆食品は，すべて「すがたをかえる」と言えるだろうか？

　④「むかしの人々のちえにおどろかされる」って，言い過ぎ？

　⑤題名は「すがたをかえる大豆」と「むかしの人々のちえ」のどちらがいい？　**本時**

第3次　大豆になりきって自己紹介しよう　　　　　　　　　　　　　　　　（2時間）

　⑥自分が紹介したい大豆食品を選び，その大豆食品になりきって自己紹介を書く。

　⑦前時で書いた自己紹介を発表し，交流する。

2．授業展開（第5時／7時間扱い）

導入（5分）

T：前の授業では，「むかしの人々のちえにおどろかされる」という筆者の考えは「言い過ぎかどうか」について考えましたね。皆さんの発言の中から，「『ちえ』っていきなり出てきた」や「この説明文の話をまとめて『ちえ』と言えるから，言い過ぎじゃない」という意見がありました。今日は，そこで，題名について考えましょう。

展開（25分）

T：さて，題名はそのままの「すがたをかえる大豆」がいいか，「むかしの人々のちえ」がいいか，考えましょう。まずは，ワークシートに自分の考えとその理由を書き，それから黒板に自分のネームプレートを貼りに行きましょう。

T：それでは，少ない方の「むかしの人々のちえ」派の人から発表しましょう。

C：いろいろ大豆を食べる工夫をして，こんなにもいろんな食べ方があるので，すごいちえだと思うからです。

C：すがたをかえるように工夫したっていう「ちえ」のすごさを強調した方がいいと思う。

T：「すがたをかえる大豆」派の人はどうですか？

C：たしかに「ちえ」もわかるけど，前の時間でもやったように，なんか急に出てきたから，一番見えやすいのは「すがたがかわったこと」だから，そのままでいいと思います。

C：どっちかといわれたら，そのままでいい気がするけど，両方カンペキではないと思います。

C：第7段落ではじめて「ちえ」って出てきて，これまでずっと大豆の姿が変わってきたことが書かれてきたから，そのままの題名の方がしっくりきます。

まとめ（15分）

T：それでは，皆さんの発言を踏まえて，もう一度考えましょう。「自分ならこのような題名にする！」という題名をワークシートに書きましょう。（そのままの題名にすることもOKです）書けた人は，黒板に書きに来ましょう。その後で，皆さんで一番納得できる題名を決めます。

ALのポイント　「すがたをかえる大豆」か「むかしの人々のちえ」のどちらがいいかという二者択一で文章全体を視野に入れ，題名と本文との整合性を吟味することができる。また，二者択一を超え，自分なりの題名を書く活動を行い，黒板に書かれた「自分なりの題名」の中から，自分が一番納得できる題名（「納得解」）を決める活動によって，再度判断を促す。こうした学習過程によって，学びをさらに「深める」ことが期待できる。

3年 ④ウィルソンさんは，どの実験・研究に興奮した⁉

教材名 「ありの行列」（光村図書）

1．学習課題

> ウィルソンさんの「興奮パラメーター」を作ろう！

課題の工夫
実験二つとそれから発展した研究。果たして，ウィルソンはどのような心境でこれらに取り組んでいたのだろうか，と考えさせることで，内容を詳しく読むことができるだろう。

単元名
「問い」から「答え」までの考え方を捉え，段落のつながりを考えよう。

単元のねらい（目標）
段落のつながりを考え，筆者の述べ方に対して自分の考えをもつ。

教材の特性
初め・中・終わりの構成で書かれている。初めは問い，中はウィルソンの研究の紹介，終わりは答えが書かれている。中には実験二つとそこから発展した研究が書かれている。実験同士の関係性，実験と研究との関係性を捉えることが，段落相互の関係をつかむ上で重要である。

単元の概要
まず問いと答えを確認し，「中」を大まかに読む。その後理科のノートの書き方を援用してウィルソンの実験ノートを再現することで，実験の内容を詳しく読み取る。そして，ウィルソンがどの「発見」で一番興奮したかを判断させることで，それぞれの「つながり」を読み取る。

単元指導計画　全7時間

第1次　内容を予想しよう　　　　　　　　　　　　　　　　　　　　　　　　（1時間）
①題名から「あり」について知っていることを交流しよう。

第2次　筆者の述べ方について考えよう　　　　　　　　　　　　　　　　　　（4時間）
②問いと答えを確認し，ウィルソンさんがしたことは大きく分けていくつあるか考えよう。
③ウィルソンさんの実験ノートを再現してみよう。
④三つの実験・研究にウィルソンさんの「興奮パラメーター」をつけよう。　**本時**
⑤本当にこの実験と研究だけで「においをたどって…」と言えますか。

第3次　科学読み物を紹介しよう　　　　　　　　　　　　　　　　　　　　　（2時間）
⑥科学読み物を読もう。
⑦科学読み物を紹介する文章を初め・中・終わりに分けて書き，「中」で内容を紹介する。

2．授業展開（第4時／7時間扱い）

導入（5分）

T：前時は，ウィルソンさんが行った実験と研究の内容を詳しく読み取りましたね。今日は，それぞれの実験と研究で，ウィルソンさんが，「やった！」「すごい！」「不思議だなぁ」とどれくらい興奮したかを考えてみましょう。

展開（25分）

T：今日はそれぞれ1～5の数字で表してもらいます。三角形で表すことになりますね。たとえば，実験1が「1」，実験2が「4」，研究が「5」ならこうなりますね。

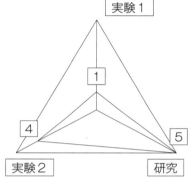

C：僕は実験1を「4」，実験2を「3」，研究を「2」としました。理由は，やっぱり一番初めに，ありが行列になっていることに気がついた時が一番興奮すると思うからです。

C：私は今の意見と違って，実験1を「1」，実験2を「4」，研究を「5」としました。実験1は，実験2をするためにしている感じだからです。研究が「5」なのはやっぱり真実をつきとめたからです。

C：僕は実験1を「3」，実験2を「5」，研究を「2」としました。実験1では，「ふしぎなことに」と驚いている様子があるので「3」にしました。そして，実験2は，その後詳しく研究するきっかけになったので，「5」にしました。研究が「2」なのは，もうその頃には，ほとんど「においじゃないか」と予想していたんじゃないかと思うからです。5段落に，「何か道しるべをつけておいたのではないか」って書いてあるけど，ありは目がほとんど見えないから，そうなると「におい」ぐらいしかないからです。

まとめ（15分）

T：友達の意見を聞いて，自分の意見が変わったという人は，新しくパラメーターを赤文字で書いてください。その理由も書いてみましょう。変わらなかった人は黒字の上から赤で書きましょう。意見は変わらなかったけど，なるほどなぁと思った人の意見を書きましょう。

> **ALのポイント**　三つの実験や研究を結び付けるために，それぞれを行った時のウィルソンの「興奮」を可視化します。そうすることで，実験と実験とのつながりや，研究に至った経緯を読み取れます。

4年

①ヤドカリとイソギンチャク，どちらが得をしているのでしょう…？

教材名　「ヤドカリとイソギンチャク」（東京書籍）

1．学習課題

> ヤドカリとイソギンチャクは，どちらが得をしているのでしょうか。

課題の工夫

ヤドカリとイソギンチャクの共生の関係について述べられている。課題としては，「どちらが得をしているのか」という利益の軽重について考えさせる。二者択一の判断で，どちらかの立場に立たせ，思考を活性化させることをねらう。

単元名

段落相互の関係や筆者の述べ方について考えよう。

単元のねらい（目標）

ヤドカリとイソギンチャクの関係や，筆者の述べ方について自分の考えをもつことができる。

教材の特性

三つの問いに沿って，ヤドカリとイソギンチャクとが，「お互いに助け合っている」ことを，ヤドカリとイソギンチャクのそれぞれの利益に着目して深く考えさせたい。

単元の概要

まず，ヤドカリとイソギンチャクの関係を読むために，両者の利益はどちらが有利なのかを考える。そして，ヤドカリとイソギンチャクとが共生して生きているなら，三つの問いと答えはこの内容と順序でよいのか，段落相互の関係についても考える。

単元指導計画　　**全7時間**

第1次　内容を予想しよう　　　　　　　　　　　　　　　　　　　　　　　　（1時間）
　①「ヤドカリとイソギンチャクとは○○○○○な関係である」の○○に入る言葉を考えよう。

第2次　ヤドカリとイソギンチャクの利益の関係を読もう　　　　　　　　　　（4時間）
　②ヤドカリとイソギンチャクはどちらが得をしているのでしょうか。　　　　**本時**
　③三つの問いと答えの中で一番大切な問いと答えはどれですか。
　④ヤドカリとイソギンチャクの利益を述べるのにこの順番で分かりやすいですか。
　⑤タコ・ヤドカリ・イソギンチャクになって3者対談を開こう。

第3次　共生の関係になる他の生き物を調べよう　　　　　　　　　　　　　　（2時間）
　⑥図鑑から共生している生き物を調べ，利益の関係を調べる。
　⑦対談者型，教科書型のどちらかの書き方を選択して書こう。

2．授業展開（第2時／7時間扱い）

導入（5分）

T：今日から内容を詳しく読んでいきます。が，突然ですが，「ヤドカリとイソギンチャクはどちらが得をしているのか」ということを考えながら，音読をしてみましょう。

展開（30分）

T：自分の考えを決め，ネームプレートを貼りましょう。例えば，ヤドカリが9得していて，イソギンチャクが1得していると考えたら，9のところに貼ります。

C（男1）：ヤドカリは，イソギンチャクをつけていることで命を守ることができるからとても得をしているけど，イソギンチャクは，努力をしなくてもエサを食べることができるからイソギンチャクの方も少し得をしています。だから，8にしました。

C（女2）：私は2にしました。イソギンチャクはヤドカリの上に乗っていればそれだけでえさを食べられるけど，ヤドカリのように貝殻に乗るための努力もしていないからイソギンチャクの方が，得をしています。

C（男2）：僕は7にしました。食べることより，命を守ることの方が大事なので，ヤドカリの方がかしこくて，得をしています。

C（女3）：私は1です。筆者が「いかにも重そう」なヤドカリと書いてあるのと，イソギンチャクは，「いかにも気持ちよさそう」と書いてあるので得をしているのはイソギンチャクです。

まとめ（10分）

T：友達の意見を聞いて，自分の考えが変わった人は，ネームプレート移動してください。また，友達の考えを聞いて，「意見が変わった」人は，変わった理由を書いて，「変わらない」人は，変わらない理由を書きましょう。

ALのポイント　ここでは，ネームプレートを使って全員の考えを可視化する。友達の考えを知り，自分の考えと比較することで学習課題に対し深く考えられるようにした。

②実験3以外は必要ない？

教材名 「花を見つける手がかり」（教育出版）

1．学習課題

> 「実験1」と「実験2」は必要なのか？

課題の工夫
本文では、三つの実験を具体例としてあげながら、科学的な論理展開で述べられている。これらの実験同士の「つながり」を捉えながら読む必要がある。あえて「実験1・2は必要ないのでは？」と問うことで、筆者があげた事例の「順序性」や「因果関係」に迫っていく。

単元名
すじ道やつながりに気をつけて考えよう。

単元のねらい（目標）
中心となる語や文を捉え、段落相互のつながりを意識しながら読むことができる。

教材の特性
本教材は、モンシロチョウが「何を手がかりにして、花を見つけているか」を、「仮説・実験・検証」という科学的方法で解き明かしていく「実証型」の説明文である。検証段階における「消去法」で、「否」なるものを順次消していく文章展開に着目させ、読み取らせていきたい。

単元の概要
初めに、三つの実験を中心に、段落ごとの要点を確認する。その後、三つの実験の必要性を話し合い、最後に、筆者の主張に対して、「自分の考え」を筆者への手紙として表現する。

単元指導計画　　全7時間

第1次　文章の大体を読み取ろう　　　　　　　　　　　　　　　　（3時間）
①題名から内容を予想しよう。
②文章を三つのまとまりに分け、全体像をつかもう。
③それぞれの実験に名前をつけよう。

第2次　それぞれの実験の役割を考えよう　　　　　　　　　　　　（3時間）
④むらさき色の「花、造花、色紙」で一番集まるのはどれか？
⑤「実験1」「実験2」は必要か？　必要ではないか？　　　　　　**本時**
⑥「赤い花は見えないらしい」に納得できるか？

第3次　筆者のメッセージに対して返事を書こう　　　　　　　　　（1時間）
⑦筆者のメッセージ（15段落の主張）に対して、返事の手紙を書こう。

2．授業展開（第5時／7時間扱い）

導入（5分）

T：色が「手がかり」であることは，どの段落で分かりましたか。
C：13段落です。「このような実験から…わかりました」とあるからです。
C：13段落です。「実験3」で色に注目して調べて，手がかりが「色」だと分かりました。

展開（30分）

T：実験3をしたから「色」が手がかりだと分かったのですね。つまり，5～10段落に書いてある「実験1・2」は意味がなかった。なくてもいいということですね。
C：そうそう！
C：え？　そんなことないよ！
T：では，実験1・2が「必要か，必要ではないか」自分の考えを決めて，黒板にネームプレートで示しましょう。（自分の考えをワークシートに記述させ，グループ・全体で交流する）
C：必要ではないと思います。においや形を調べても無駄ですし，何度もやっても大変です。
C：「実験1・2」は必要ですし，無駄ではありません。少しずつ実験のやり方を変えて，調べていったから，色を手がかりにしていることが分かったのだと思います。
C：賛成です。15段落で，筆者は「考え方のすじみちを立てて」とまとめているので，「実験1・2」がないと，「考え方のすじみち」と合わなくなってしまいます。
T：先生が文章を書き直してみました。筆者の文章と比べて，どちらが分かりやすいですか。（「実験1・2」を抜いて書き直した本文（サンプル文）を提示し，比較して考えさせる）
C：「実験3」だけでは，「今回だけ，たまたまでしょ」などと反論されてしまいます。
C：急に色の実験をするから，「形やにおいはどうか」と疑問が出るはずです。

まとめ（10分）

T：誰の意見に一番納得できましたか，またそれはどうしてですか。ワークシートに書きましょう。もし考えが変わったなら，黒板に貼ってあるネームプレートを裏返しましょう。

ALのポイント　「実験1・2は必要なのか」と判断を促し，それぞれの実験の「必要性」について話し合う。実験同士のつながりを十分に捉えられていない児童は，「シンプルな方が分かりやすい」と安易に判断してしまうであろう。ここに「ズレ」が生まれてくる。話し合う中で，互いの考えの「共通点・相違点」に気づき，「筆者の述べ方」の筋道やつながりに迫っていけるだろう。

4年 ③勉強でも動かなくてはいけないの…？

教材名 「動いて，考えて，また動く」（光村図書）

1．学習課題

> 筆者の「勉強でも，まず動かなくてはならない」という考えに納得できますか？

課題の工夫

筆者の使う「動く」という言葉は文字通りの意味だけではない。そこを意外と子どもは読めていない。4年のこの時期の説明文では，説明内容だけでなく，それを一般化させた「筆者の主張」が出てくる。その「一般化」をつかませるための課題である。

単元名

段落同士の関係に気をつけながら，筆者の主張を読み取ろう。

単元のねらい（目標）

事例の説明内容や筆者の主張を読み取り，自分の意見をもつことができる。

教材の特性

最大の特徴は，説明内容である「走り方の研究から得たこと」を「スポーツ」はおろか「勉強」にまで一般化させて主張している点である。説明内容に目を向けてみると，7段落の「うでの振り方」は誰もが知っているような内容で，とってつけたようである。検討させてみたい。

単元の概要

筆者の走り方の工夫を実際にやってみながら，すごい順にランキングづけする。そして，「うでの振り方」の段落が必要かどうか話し合う。最後に「一般化」について考える。

単元指導計画　　**全7時間**

第1次　内容を予想しよう　　　　　　　　　　　　　　　　　　　　　　　（2時間）
①題名から内容を予想する。「考えて，動いて，また考える」との違いを考える。
②分かりにくい言葉ランキングベスト5をつくり，調べる。漢字練習。

第2次　段落の役割を考えよう　　　　　　　　　　　　　　　　　　　　　（4時間）
③筆者が見つけた走り方の工夫はいくつ？
④外で実際に試してみながら，「すごい発見ランキング」を作ろう。
⑤「うでのふり方」の段落は必要ですか？
⑥「勉強でも，まず動かなくてはならない」という考えに納得できますか？　**本時**

第3次　学んだことを活用しよう　　　　　　　　　　　　　　　　　　　　（1時間）
⑦自分の経験＋一般化で簡単な説明文を書こう。

2．授業展開（第6時／7時間扱い）

導入（5分）

まず，筆者の主張を確認する。

T：筆者の一番伝えたいことはどこに書かれていましたか。
C：最後の8段落だと思います。
T：なるほど。そうですね。他にもありますか。
C：最初の1段落にも書いてあると思います。
C：両方に書いてある「まず動く，そして考える」というところだと思います。

展開（30分）

T：1段落にも8段落にも「まず動く，そして考える」というところがありますね。ところで1段落には「運動でも，勉強でも」と書いてあります。この考えに納得できますか。
C：（自分の意見を決め，理由をワークシートに書く）
T：納得のいかない人は質問をしたり，納得のいかないところを言ったりする「記者役」，納得いく人はそれに答える「筆者役」になり，「記者会見」を開きましょう。

○応答例
　（記者役）なぜ勉強でも「動く」のですか。勉強は静かにするものだと思います。
　（筆者役）ここで言う「動く」というのは，本当に体を動かすという意味ではなくて，「とりあえずやってみる」という意味です。そういう意味で「動く」という言葉を使っています。
　（記者役）それではなぜそう書かないんですか。「とりあえずやってみる，そして考える」でもいいじゃないですか。
　（筆者役）短い言葉で表したほうが伝わりやすいと考えたからです。
　（筆者役）「動く」という言葉と「考える」という言葉という，反対の意味のような言葉を組み合わせて使って印象づけたかったのです。

まとめ（10分）

話し合ったことをまとめるために，納得できるか，できないかもう一度自分の考えを書く。その際，「考えが変わるきっかけになった友達の意見」や「考えは変わらなかったが，なるほどと思った友達の意見」を書くようにする。

> **ALのポイント**　ここでは，記者会見の活動を通して，筆者を追及したり，筆者になりきったりする。その活動を通して文章に対する評価を深め，「一般化」していることをつかませる。

4年

④アップとルーズ…？　ルーズとアップ…？

教材名　「アップとルーズで伝える」（光村図書）

1．学習課題

> 題名は「ルーズとアップ」でもよいのではないだろうか？

課題の工夫

事例の順番が「ルーズ→アップ→アップ→ルーズ」となっているところを課題として扱いたい。そのために、題名が「ルーズとアップでもよいのではないか」と「揺さぶり発問」をすることで、子どもの思考を活発にしていくことをねらう。

単元名

段落同士の関係を考えながら読もう。

単元のねらい（目標）

事例の並べ方や筆者の意見に対して自分の考えをもつことができる。

教材の特性

アップとルーズについてその長所と短所が分かりやすく対比的に書かれた説明文である。写真を用いて説明していることやテレビだけでなく新聞にも触れていることも特徴である。最大の疑問はなぜ「ルーズ，アップ，アップ，ルーズ」となっているかということである。

単元の概要

まず、「写真の有無」から「事例」と「まとめ」など「段落の役割」に気づかせる。また、はじめの事例が「ルーズ→アップ」となっていることなどについて、自分の考えをもたせる。

単元指導計画　　全7時間

第1次　内容を予想しよう　　　　　　　　　　　　　　　　　　　　　　　（2時間）
　①題名から問いの文及びその後の展開を予想しよう。
　②分かりにくい言葉ランキングベスト5をつくり、調べよう。

第2次　段落の役割を考えよう　　　　　　　　　　　　　　　　　　　　　（4時間）
　③写真がどの段落に入るか考えよう。
　④アップとルーズ、どこがちがう？
　⑤6段落は事例？　まとめ？
　⑥題名は「ルーズとアップ」でもよいか？　　　　　　　　　　　　　　　本時

第3次　学んだことを活用しよう　　　　　　　　　　　　　　　　　　　（1時間）
　⑦二つの事物の長所と短所を対比的に説明する文章を書こう。

2．授業展開（第6時／7時間扱い）

導入（5分）

まず，1・2・4・5段落がそれぞれ「アップ」と「ルーズ」どちらの事例かを確認する。

T：1段落は「アップ」と「ルーズ」どちらですか？
C：「ルーズ」です。会場全体の映像のことを言っているからです。
T：それでは2段落はどちらですか？
（以下略）板書していく。

展開（30分）

T：（板書を示しながら）何か気づくことはありませんか。
C：「アップとルーズで伝える」という題名なのに，1・2段落が「ルーズ，アップ」という順になっています。
T：そうですね。それでは，題名は「ルーズとアップで伝える」でもよいのではないでしょうか。考えてみましょう。（学習課題を出す）

学習者は，「よい」「よくない」のどちらかを判断し，理由をワークシートに書く。その後，テープに「よい」か「よくない」を書き，自由に教室中を歩き回りペアトークをする。10分ほど活動をしたら，全体で意見を共有する。

「よい」派
・ルーズが先に出てきているから。

「よくない」派
・本格的な説明は4段落からだから，「アップとルーズ」の順番の方がよい。
・「アップ」の方が読者にとって身近で分かりやすいから。

まとめ（10分）

T：それではペアトークや全体での話し合いを踏まえて，もう一度自分の考えを書きましょう。その際，「意見が変わるきっかけになった友達の考え」や「意見は変わるほどではないけど，なるほどなと思った友達の考え」も書きましょう。
C：（発表する）

ALのポイント ここでは，「ルーズとアップ」になっているという「課題」を子どもに「発見」させるところから始める。題名から迫り，「事例の順序」を考えさせ，文章を評価しながら読ませたい。

5年

① 6段落は必要…？

教材名 「動物の体と気候」（東京書籍）

1．学習課題

> 6段落は必要かどうかを考えよう。

課題の工夫

6段落は，ゾウやキリンなどの身近な動物を取り上げることで，筆者の主張を一般化していることが分かる。しかし，6段落の7行目にある「どう見ても」という言葉から，筆者の意思が強く表現されているとも感じる。本学習課題を考えることを通して，筆者の主張に対して，自分の考えをもつことをねらいとしている。

単元名

段落の有無を考えることを通して，筆者の主張について自分の考えをもとう。

単元のねらい（目標）

筆者の主張や，段落の意味に対して自分なりの考えをもつことができる。

教材の特性

本教材は，1段落で暑い地域での様子を述べた後，寒い地域についても述べているが，2段落以降，寒い地域に住む動物が中心に述べられている点で矛盾が生じている。また，「すぐれた毛皮」の事例は，他の動物と気候の関係との事例と異なっている点を特性と捉えたい。

単元の概要

事例の分類や，段落の有無を考えさせることで，筆者の主張を捉える。その上で，筆者と自分との「おもしろい関係」を比べることで，自分の考えをもたせたい。

単元指導計画 全4時間

第1次 読む前に既有知識を出し合った後，全文を通読し，本文の内容と比べる　（1時間）
①動物と体の気候の関係について知っていることをペアで話し合おう。

第2次 事例や論の構成を捉え，筆者の主張を考える　（2時間）
②三つの事例（1．体の表面積の例　2．同種類の中で気候によって体格の大きさが違う
　3．すぐれた毛皮）を分類してみよう。
③6段落のゾウとキリンの例は必要かどうかを，話し合いを通して考えよう。　**本時**

第3次 筆者と自分の考えを比べる　（1時間）
④筆者と自分はどの動物と気候の関係が，「おもしろい関係」と思っているかを考えよう。

2．授業展開（第3時／4時間扱い）

導入（7分）

本時の学習課題について考える。　　　　　　　　　　　　　　　　　　　　　全体

T：6段落はどのようなことが書いてありますか。

C：6段落にはゾウとキリンを例にあげて，寒い地域と暑い地域の動物の体形の説明をしています。

T：そうですね。今日は，この6段落が必要か，必要ではないかを考えてもらいます。

展開（33分）

必要グループと不必要グループに分かれてディスカッション。　　　　　　　個→グループ

T：まず，6段落が必要か，必要ではないかについて自分の考えをまとめましょう。その後，班で必要グループと必要ではないグループに分かれ，ディスカッションを行います。

C：では，班でディスカッションを行いましょう。

C：私は，最初にこの文章を読んだ時，キリンは寒い所には住まないだろうなと思っていたので，とても納得しました。とても分かりやすい段落なので，必要だと思います。

C：僕たちは，経験から出た言葉は必要なのかな？　と思います。この段落がなくても，三つの事例を通して，主張は伝わると思います。

C：私たちはホッキョクギツネやフェネックは，あまり見たことがないし，筆者はゾウとキリンという身近な分かりやすい説明があった方が読んでいる人にとって親切だと思ったんじゃないかなと思います。

C：ゾウとキリンの例を出したことは，別によいのだけど，7行目の「どう見ても」という言葉は気になります。増井さんと違う意見だってあるかもしれないと思います。

まとめ（5分）

ディスカッションを通して，もう一度自分の考えをまとめる。　　　　　　　　　個

T：ディスカッションで話し合ったことをもとにして，自分の考えを書きましょう。自分の意見が変わった人がいれば，発表してください。

ALのポイント　ここでは，ディスカッションをしながら考えることが，ポイントとなる。相手と違う意見でも，反対意見の理由を考えることで，自分の意見の根拠がより明確になる。また，段落が必要か不必要かを考えることで，筆者の論の展開や主張に迫ることができる。

②もしも一つに絞るとすれば…？

5年

教材名 「言葉と事実」（教育出版）

1．学習課題

> 三つの話のうち，本文で紹介する例を一つに絞るとすれば，どれを選びますか？

課題の工夫

提示されている三つの話の中から，紹介するものを一つに絞るとした時，必然的に，より本文の内容にふさわしいものがどれかを考える必要がある。三つの話を比較し，それぞれの事例を通して述べたかったことを明らかにする中で，自分の読みをもたせることができる。

単元名

言葉と事実の関係を捉え，自分の考えを表現しよう。

単元のねらい（目標）

言葉と事実とがそれぞれ何を意味するのかを理解し，両者の関係を捉えることができる。

教材の特性

一つの話題提示（「うそつき少年」）と，二つの事例（「リレーの対抗戦」「デパート」）で構成された尾括型の説明文であり，情報リテラシーの育成に資する内容となっている。また，事例を紹介する中で，筆者の主張も表れていることから，論説文としての特徴もうかがえる。

単元の概要

本文で紹介される三つの話を関連させて考える中で，言葉と事実とが何を指しているのか，また，どのように結び付いているのかを考えさせたい。また，読み取りの過程で得た知識を活用して看板作りを行うことで，言葉と事実の関係性をより明確に捉えられるようにする。

単元指導計画 　**全5時間**

第1次　本文を読んで感じたことを表現する　　　　　　　　　　　　　　　（1時間）
　①「○○と○○」「○○と○○と○○」のどちらかで題名を考えよう。※ 題名は伏せておく。

第2次　三つの話を比較して，読みを交流する　　　　　　　　　　　　　　（3時間）
　②三つの話を二つに仲間分けするとすれば，どのように分けるのがよいだろう？
　③三つの話のうち，本文で紹介する例を一つに絞るとすれば，どれを選ぶ？ 　**本時**
　④この説明文の題名は，「言葉と事実と印象」の方がふさわしいのではないだろうか？

第3次　習得した知識を活用する　　　　　　　　　　　　　　　　　　　　（1時間）
　⑤トイレで見かける標語「いつもきれいに使っていただき，ありがとうございます」を例に，校内の必要な箇所に設置する看板作りを行う。

2．授業展開（第3時／5時間扱い）

導入（5分）

前時で学習したことをもとに，本時の学習課題を提示する。　　　　　　　　　　　全体

T：前回は，三つの話を二つに仲間分けするとすれば，どのように分けるかを考えたね。どんな考えがあったかな？

C：私は，「うそつき少年」の話で一つ，「リレーの対抗戦」と「デパート」の話で一つのグループにしました。なぜかと言うと，「うそつき少年」の話は，言葉と事実を結び付けて使うことが大事ということだけについて述べているけど，あとの二つの話は，「受け取る側の印象が違う」ということが主に書かれていたので，そう分けました。

T：なるほど。ここに紹介されている三つの話には，色々な特徴がありそうだね。今日は，この三つの話のうち，本文で紹介するのを一つに絞るとすれば，どれを選ぶか考えてみよう。

展開（30分）

三つの話の特徴を振り返りつつ，どれが適切かを議論しながら考える。　　　ペア→全体

T：この三つの話の中で，一つに絞るとすれば，どの話を選びますか？

C：僕は，「デパート」の話を選びました。この例は，すごく共感がもてたし，「言葉のあたえる印象のちがい」ということを分かりやすく説明していたからです。

C：私は，「デパート」の話とどちらにしようか悩んだけど，「リレーの対抗戦」の話にしました。同じ事実でも受け取る側によって違うことが説明されていたからです。

C：僕は，言葉と事実の関係を一番分かりやすく説明しているから，「うそつき少年」を選びました。

まとめ（10分）

本時で交流する中で，誰の意見に一番納得できたかを考え，感想を記入する。　全体→個

T：今日出てきた意見の中で一番納得できた人の意見を交流し，感想を書きましょう。

C：今日の授業では，○○さんの意見が一番よかったです。根拠がはっきりしていました。

ALのポイント　本時におけるALのポイントは，「一つに絞る」という限定をかけることによって，本文を読み直し，深く考えるきっかけを与えるという点にある。ペアで話し合い，考えを共有しながら活動を行うことにより，無理なく考えることができる。また，交流を通じて得られる「納得解」を導き出すことによって，より深い視点に立ち，授業を振り返ることができると考えた。

5年 ③筆者と自分が「伝えたかったこと」を比較しよう！

教材名　「生き物は円柱形」（光村図書）

1．学習課題

> 「伝えたかったこと」をランキングで表そう！

課題の工夫

単純にキーワードを拾い出し，要旨を捉えることに終始するような，通り一遍の授業を行うのではなく，伝えたかったことをランキング化することで，意欲的に考える土壌を培うとともに，他者との考えの違いを浮き彫りにし，意見交流の活性化を促すことができると考えた。

単元名

筆者が伝えたかったことを捉え，筆者の主張に対する自分の考えをまとめよう。

単元のねらい（目標）

筆者の主張を的確に捉えるとともに，主張に対する自分の考えをまとめることができる。

教材の特性

「はじめ・なか・おわり」が明確で，内容を理解しやすい双括型の論説文で，本文に示される筆者の主張には，独自の視点に立った考えが色濃く表れている。こうした筆者の考えに対して自分の意見をもたせることは，学習の必然性を喚起することへとつながっていくだろう。

単元の概要

筆者の主張が強く表れている論説文であるからこそ，その主張を吟味する活動を多く取り入れる。筆者の主張に対して自分の考えをもつプロセスは，必然的に，文章の要旨を捉えることにも結び付くと考える。こうした活動を通して主体的な読みの姿勢を培っていきたい。

単元指導計画　　全4時間

第1次　本文を読んで，自分の考えとの違いを明らかにする　　　　　　　　　　（1時間）
　①「生き物すべてに共通すること」を考えよう。本文を読んで，納得度を10段階で表そう。

第2次　内容を吟味し，考えたことを交流する　　　　　　　　　　　　　　　　（2時間）
　②「強い」と「速い」は，「生き物の体の基本」と言えるだろうか？
　③本文のまとめの段落としてふさわしい文章はどちらだろう？※一方は，元の文章（11段落），もう一方は，「共通性」に焦点化して，教師がリライトした文章。

第3次　本文の要旨を捉え，自分の考えをまとめる　　　　　　　　　　　　　　（1時間）
　④「筆者が伝えたかったこと」と「自分が伝えたいこと」をランキングで表そう。　**本時**

2．授業展開（第4時／4時間扱い）

導入（8分）

本文を読み解くキーワードをあげ，教師から選択肢を示す。　　　　　　　　　　　　全体

T：今日は，「伝えたかったこと」をランキングで表します。この説明文で，キーワードをあげるとすれば，どんな言葉があげられるかな？

C：生き物は「強い」と「速い」ということだと思います。

T：みんなから出してもらったキーワードをもとに，四つの選択肢を作りました。①生き物は多様であるということ②生き物の共通性は円柱形であるということ③円柱形は強くて速い。だからこそ生き物の体の基本であるということ④あらゆる生き物に対して，おそれ，うやまう気持ちをいだくということ（※板書する）

これらをもとに，「伝えたかったこと」をランキングで表してみましょう。

展開（30分）

「筆者が伝えたかったこと」と「自分が伝えたいこと」をベスト3形式のランキングで表し，交流する。　　　　　　　　　　　　　　　　　　　　　　　　　　　　　ペア→全体

T：「筆者が伝えたかったこと」をランキングで表しましょう。ペアで話し合いましょう。

C：僕たちは，3位から順に，③→②→①としました。なぜ①を1位に選んだかというと，まとめの段落で詳しく述べられていたからです。

T：では，「自分が伝えたいこと」をランキングで表すとどうだろう。ペアで検討しよう。

C：私たちは，1位が②で，2位・3位が①・③です。生き物の形の基本が「円柱形」であることが中心に書かれているし，すごく面白い視点だから，②を1位にしました。

まとめ（7分）

最後に，一番納得できた意見が，誰の意見だったのかを含め，本時の感想を記入する。　個

T：では，誰の意見に一番納得できたかを含めて，今日の感想を書きましょう。

ALのポイント　本時におけるALのポイントは，「筆者の伝えたかったこと」と「自分の伝えたいこと」をそれぞれランキングにして表すことによって，主体的に活動に取り組みつつ，本文の要旨を的確に捉えさせる点にある。また，「筆者」と「自分」と「他者」の視点による内容の捉え方の違いに着目させることで，思考の活性化を促すことができると考えた。

④弟子入りするなら…どちらを選ぶ？

教材名 「千年の釘にいどむ」（光村図書）

1．学習課題

> 白鷹さんと山本さん，弟子入りするならどっちかな？

■ 課題の工夫

「千年の釘にいどむ」に加えて「千年の瓦を作る」（6年生の道徳，文渓堂）を副教材として用い，釘職人の白鷹さんと瓦職人の山本さんのどちらに弟子入りしたいかを判断させることで，主体的に読み，考える姿勢を促すことができると考えた。

■ 単元名

描かれている人物の考え方や内容を正確に読み取り，自分の考えをもとう。

■ 単元のねらい（目標）

叙述をもとに人物像を捉え，自分の考えを表現することができる。

■ 教材の特性

本教材は，本文に登場する白鷹さんの心情が強く表れているノンフィクション教材である。したがって，人物の心情を捉えたり，人物像を考えたりすることで読みが深まると考えた。

■ 単元の概要

説明文でありながら，文章中に出てくる人物の心情が強く表れているという特性をもっているからこそ，人物像から読み解く活動を展開することが効果的であると考えた。こうした活動を通して白鷹さんの職人としてのこだわりや，人物像の把握につなげていきたい。

■ 単元指導計画　　全7時間

第1次　古代の見事な特徴について考える　　　　　　　　　　　　　　　（2時間）
　①・②古代の釘の見事な特徴のうち，「大きさ」は，"見事な特徴"といえるのだろうか？

第2次　白鷹さんの人物像を，叙述をもとに考える　　　　　　　　　　　（2時間）
　③最終段落の白鷹さんの心を色で表してみよう。
　④白鷹さんが千年前と千年後のどちらかに電話ができるとすれば，どちらに電話するだろう？

第3次　「千年の瓦を作る」を読み，2人の職人を比較して読みを深める　（3時間）
　⑤山本さんは鴟尾（しび）（「しゃちほこ」や「鬼瓦」など）に名前を彫るのだろうか？
　⑥もしも自分が弟子入りするなら，白鷹さんと山本さん，どちらを選ぶだろうか？　**本時**
　⑦もしも白鷹さんと山本さんが飲み屋に行ったらどのような話をするだろうか？

2．授業展開（第6時／7時間扱い）

導入（5分）

まず，「千年の釘にいどむ」と「千年の瓦を作る」を合わせて読むことを児童に伝える。

T：今日は「千年の釘にいどむ」に出てくる職人・白鷹さんと，「千年の瓦を作る」に出てくる職人・山本さんを比べて読んでいこうと思います。

T：もしも，あなたが弟子入りするとしたら，白鷹さんと山本さんのどちらがよいでしょうか。

C：白鷹さんも，山本さんもどちらも似ているところがあるから難しいな。

C：弟子入りするなら，自分を大切に育ててくれるほうがいいな。

展開（30分）

次に，それぞれの立場から意見を発表する。

T：では，立場をはっきりさせて，自分の意見を発表してください。

C：僕は白鷹さんがいいです。白鷹さんは千年後の職人に笑われたくないというほど負けず嫌いで芯の強い職人さんのように感じます。そんな人のもとで修行をしたいです。

C：私は山本さんがいいです。白鷹さんは釘を残すことしか考えていないけれど，山本さんは技術や心を残すためのことを考えていて人間味を感じるからです。

T：みんなの考えを聞いて，白鷹さんと山本さんの共通点は浮かんできたかな。

C：どちらも研究熱心で，努力家だと思います。

まとめ（10分）

最後に，「プロフェッショナルとは○○である。」の空欄に入る言葉を考える。

T：2人の人物像がよく見えてきたね。では，どちらかの職人さんにインタビューをしたとして，プロフェッショナルとはどういうことをいうのかと聞いたら，何て返ってくると思う？

C：私は山本さんで考えました。「プロフェッショナルとは，仲間や資源を大切にしつつ，自分も成長できるような存在であることだ。」

ALのポイント　「白鷹さんか山本さんか」という二項対立の軸を作ることで，2人の職人がこれまでに携わってきた重要文化財の保存や研究に臨む心意気に注目して，考えることができるようにした。また，「プロフェッショナルとは何か」を表現することで，議論した内容を踏まえつつ，2人の職人の人物像について，さらに自分の考えを深めることができるだろう。

6年

①イースター島に森林がなくなったのはなぜ…？

教材名 「イースター島にはなぜ森林がないのか」（東京書籍）

1．学習課題

> イースター島に森林がなくなった理由を円グラフにしよう。

課題の工夫

過去と現在とを対比させながら述べている教材の特性を生かして，今後のイースター島について考える活動を行う。ポリネシア人が，過去の過ちをどのように生かそうとしているかを考えることで，未来の文明のあり方について自分の意見をもつことを促したい。

単元名

文章の構成を捉え，今後のイースター島について自分の考えをもとう。

単元のねらい（目標）

過去と現在，未来という文章の構成を捉え，自分の考えをもつことができる。

教材の特性

本教材は，イースター島に森林がない原因を二つの調査結果から探る過程を受けて，今後のあり方についての主張がまとめられている。しかし，問いの文としての意味合いをもつ題名が，筆者の主張と対応していないことが，この説明文の特徴であると言えるだろう。

単元の概要

導入では，題名が疑問の形になっていることを生かし，答えとなる1文を考える活動を行う。また，イースター島に森林がなくなった原因を，円グラフを用いて表すことで，文章をより深く読み込むきっかけを与えることができると考えた。

単元指導計画 全4時間

第1次 森林がなくなった原因について確認する （1時間）

①全文を通読し，答えとなる一文「○○だから森林はなくなった」の穴埋めを考えよう。

第2次 森林がなくなった原因を考える （2時間）

②イースター島に森林がなくなった理由を「〈1〉農地にするために森を切り開いた 〈2〉モアイ像を作るために森を切り開いた 〈3〉ラットの侵入 〈4〉その他」を用いて円グラフにしよう。 **本時**

③今後，ポリネシア人は森林を再生できるかどうかをスケーリングで表そう。

第3次 筆者の主張に納得したかどうかを考える （1時間）

④題名と結論との整合性を考えながら，筆者の主張に納得したかどうかを考えよう。

2．授業展開（第2時／4時間扱い）

導入（8分）

森林がなくなった原因を，前時の復習を通して確認する。

T：どうしてイースター島では，森林がなくなったのですか？
C：農地にしたり，モアイ像を作ったりするために森林を切り開いたから。
T：現在，イースター島はどのようになっていますか。
C：深刻な食糧不足になっています。
C：人口は，栄えていたころの3分の1になってしまっています。

展開（32分）

まず，自分一人で学習課題について考えた後，グループで交流する。　　個→グループ

T：今日の授業は，イースター島に森林がなくなった原因を円グラフで表します。「〈1〉農地にするために森を切り開いた〈2〉モアイ像を作るために森を切り開いた〈3〉ラットの侵入〈4〉その他」を使って考えましょう。考えたら各グループに分かれて，話し合いましょう。
C：私は〈1〉が30％で，〈2〉は60％で，〈3〉が10％になりました。農地は生きていくために，切り開かないとしょうがないけど，モアイ像は作らなくても生きていけたと思う。だから，モアイ像を作ったことは，とても大きな原因だと思います。
C：僕は〈1〉が10％，〈2〉も10％，〈3〉は60％，〈4〉は20％です。〈1〉も〈2〉も生きていくためには，しょうがないと思います。ラットが入らなければヤシの実を食べることがなかったと思います。その他は，ラットを処分しようとしなかったポリネシア人の責任もあると思います。

まとめ（5分）

最後に，交流を通して感じたことをもとに，再度自分で円グラフを考える。　　個

T：最後にもう一度，自分で円グラフを作ってみましょう。意見が変わった人は，その理由も書きましょう。

ALのポイント　本時の活動は，円グラフを用いて原因を数値化することがポイントになる。そうすることで，自分の考えと他者の考えとの違いを明確に表出させることができる。他者の考えとの違いを明確にし，意識化させることで，活発な議論を促せるだろう。

6年

②もしも鳥獣戯画の作者が本文を評価するとすれば，どのように評価するのだろう？

教材名 「『鳥獣戯画』を読む」（光村図書）

1．学習課題

> 鳥羽僧正（覚猷(かくゆう)）になりきって「『鳥獣戯画』を読む」を評価しよう！

■ 課題の工夫

本文を読む前に，鳥獣戯画の作者として有力視されている鳥羽僧正の人物像を，絵から読み取れる情報や教師側から提供する情報をもとに作り上げる。鳥羽僧正の目線に立って，高畑勲の書いた文章を評価することで児童が同じ土台に立ちながら読みを深めることができるだろう。

■ 単元名

筆者のものの見方を捉え，自分の考えをまとめよう。

■ 単元のねらい（目標）

筆者が鳥獣戯画をどのように捉え，表現しているのかを自分なりにまとめることができる。

■ 教材の特性

本教材は，様々な見方ができる鳥獣戯画を高畑勲が評価し，解釈したものをまとめた文章である。高畑勲の鳥獣戯画に対する思いは強く，賛美し過ぎなのではないかという印象が，各所から感じ取れる。筆者の特徴的な書きぶりに注目する必要が大いにある教材だろう。

■ 単元の概要

鳥獣戯画の作者である「鳥羽僧正」像を作り上げることで，児童が共通の土台から本文を評価できるようにする。作者＝児童という仮説のもと，本文を評価することで，筆者の考えとの共通点や相違点を際立たせ，思考を活性化し，より深い読みを引き出すことができると考えた。

■ 単元指導計画　　全5時間

第1次　絵を見て，共通の土台を作る　　　　　　　　　　　　　　　　　　（2時間）
　①なぜ，鳥獣戯画を「見る」ではなく「読む」なのだろうか？
　②鳥羽僧正の人物像を考えよう。

第2次　共通の土台から本文を評価する　　　　　　　　　　　　　　　　　（2時間）
　③本文を読み，高畑勲と鳥羽僧正のどちらの考えに納得しますか？
　④鳥羽僧正が「『鳥獣戯画』を読む」の書評を書くとすればどんなことを書くだろう？　**本時**

第3次　これまでの読みを生かしてまとめる　　　　　　　　　　　　　　　（1時間）
　⑤高畑勲が鳥羽僧正にインタビューするとしたら，どんな対話文になるかを考えよう。

2．授業展開（第4時／5時間扱い）

導入（5分）

これまでの学習の振り返りをし，考えを交流する。

T：これまでの学習で筆者の高畑勲さんが「鳥獣戯画」をどのように考えているのかがわかってきたね。

C：僕たちが考えた鳥羽僧正の考え方とはちょっと違ったな。

C：私は高畑勲さんの相撲をとっている様子を表しているという考え方にすごく共感した。

展開（30分）

次に，鳥羽僧正の立場になりきって本文を評価することを児童に伝える。

T：今日は鳥羽僧正になりきって，「『鳥獣戯画』を読む」を評価してもらいます。

T：鳥羽僧正が「『鳥獣戯画』を読む」を読んだとします。もしも鳥羽僧正がこの本のオススメ度とブックレビューを書くとすれば，どんな評価をするのか考えてみよう。オススメ度は★マークで表しましょう。最高で★五つです。

C：私は★四つかな。高畑勲さんは，「鳥獣戯画」を絶賛しているから，オススメ度は高めだと思う。でも，兎を投げた蛙の口から出ている線の解釈など，ちょっと言い過ぎの部分もあると思うから★5ではないと思う。

C：僕は★一つです。確かに高畑勲さんの解釈もすごいけど，僕たちが考えた鳥羽僧正の考え方とは全く違うから，鳥羽僧正本人が評価するとなると，評価は低めだと思う。

T：ブックレビューまで書いたら近くの人と考えを交流しましょう。この後，全体で考えを交流したいと思います。

まとめ（10分）

最後に，誰の考えに一番共感できたかを発表する。

T：誰の考えに一番共感できたかを発表してください。

C：僕は○○さんの考えに最も共感できました。鳥羽僧正の視点に立って高畑勲さんの解釈を評価する時に，これまでにみんなが考えた鳥羽僧正像だけでなく，それをもとに考えた自分の意見を言っていたからです。

> **ALのポイント** 本時のALのポイントは，全員が鳥羽僧正になりきり，本文を評価することにある。全員が共通の土台に立つことで，筆者の意見との共通点や相違点を導き出しやすくするとともに，読みを深める議論を活性化できると考えた。

6年

③新しい暮らし方ランキングを作ろう！

教材名　「自然に学ぶ暮らし」（光村図書）

1．学習課題

> どの事例が新しい暮らし方だと思うか，自分の考えをもとう。

課題の工夫

従来の，事例をただ確認したり，表でまとめたりする活動に留まらず，ランキングを考えることによって，児童が事例の違いを比較し，評価することができると考えた。

単元名

筆者の主張と事例との関係について，自分の考えをもとう。

単元のねらい（目標）

筆者の主張に対して，自分の考えをもち，友達と交流しながら読み深めることができる。

教材の特性

本教材は，地球の限りある資源を守っていくために，従来の方法に留まるのではなく，新しい暮らし方を考える必要があるということを主張する教材である。筆者は，自然に学んだ新しい暮らし方として四つの事例をあげ，新たな暮らしを提案している。学習者にとって読みやすい教材であるが，筆者の主張が「地球を守ること」につながるのかは，議論の余地がある。

単元の概要

ランキングを考えたり，筆者の主張に対して納得するのかどうかを考えたりすることで，児童の意見を確立させたい。導入では，3段落までの内容をもとに，それ以後の内容を予想させ，児童の興味が湧くように工夫した。

単元指導計画　　全4時間

第1次　教材に書かれている事例や結論を予想する　　　　　　　　　　　　　（1時間）
　①題名と3段落までを音読する。3段落までの内容をもとに，その後の内容を予想しよう。

第2次　事例を比較してランキングを作り交流する　　　　　　　　　　　　　（2時間）
　②どのような事例があったかを確認し，今までの生活との違いを考えよう。
　③どの事例が新しい暮らし方だと思うか，ランキングを考えよう。　　　　　**本時**

第3次　筆者の主張に対して自分の考えをもつ　　　　　　　　　　　　　　　（1時間）
　④異なる主張の教材「『本物の森』で未来を守る」，（学校図書6年下）を読み，自分の考えをまとめよう。

2．授業展開（第3時／4時間扱い）

導入（5分）

まず，本文の中でどのような事例が紹介されていたかを確認する。　　　　　　全体

- T：筆者はどのような事例を述べていましたか？
- C：シロアリの温度調節の例が出ていました。
- T：他にはどのような例がありましたか。
- C：トンボの風力発電やあわ風呂の例もありました。

展開（35分）

次に，自分で新しい暮らし方ランキングを考え，交流する。　　　　　　個→全体

- T：今日は，四つの事例のどれが一番新しい暮らし方だと思うか，ランキングを考えます。まずは1人で考えてみましょう。
- T：それではどのようなランキングになったのか発表してください。
- C：僕は，1位は「あわ風呂」にしました。理由は，あわ風呂で汚れを落とすなんてとても新しいと思ったから。
- C：私も「あわ風呂」にしました。あわのおかげで，体が温まるなんてすごいと思います。
- T：そうだね。2人とも「あわ」に注目したけど，理由が少し違うんだね。1位を「あわ風呂」以外の事例にした人は，いるかな？
- C：私は，「風力発電機」にしました。「あわ風呂」もすごいと思ったけど，「風力発電機」の方が，エネルギーそのものを作れるので，地球には優しいと思う。
- T：地球に優しいかどうかというところに注目したんだね。最下位の4位にしたのは…？
- C：私は，4位は「風力発電機」です。ゲームやスマホで，もち歩ける充電器があるから，あまり新しいとは思わなかったです

まとめ（5分）

まとめとして，もう一度ランキングを作成する。　　　　　　個

- T：最後に今の交流を踏まえて，もう一度，ランキングを考えましょう。もし，意見が変わった人がいたら，理由も書きましょう。

ALのポイント　「何が新しい暮らし方か」と感じるかは，児童によって意見が分かれると考える。ここでは，多様な意見が出るよう学習課題を工夫することで，児童の考えが深まることを企図した。

④「ぼくの世界」と「君の世界」の関係を図で表そう

教材名 「ぼくの世界，君の世界」（教育出版）

6年

1．学習課題

> 三つの事例を図で表すとすれば，どれが一番ふさわしいかを考えよう。

課題の工夫

「ぼくの世界」と「君の世界」を円で示し，三つの事例がAからDのどれにあたるかを考えることで，具体的なイメージをもちつつ意欲的に内容を読み取らせることができると考えた。

A （ぼく 君）　　B （ぼく君）　　C （ぼく）　　D （ぼく 君）

単元名

多様な見方をもとに，自分の考えを深めよう。

単元のねらい（目標）

三つの事例を比較しながら筆者の主張を捉え，自分の考えを表現することができる。

教材の特性

哲学的な問いを提起するにあたり，筆者は三つの事例をあげている。その三つの事例を比較し，互いの共通点や相違点を見出したり，図を用いてイメージ化したり，筆者が述べたいことと関連させて考えたりすることで，主体的な読みを促し，本文の要旨を捉えることができる。

単元の概要

図を用いたイメージ化は，筆者の主張の具体を捉え，何を表現しようとしているのかを明らかにする。また，発展的課題として，両者の「世界」は完全に重なり合うのかについても検討する。

単元指導計画　　全5時間

第1次　本文を読んで感じたことを表現する　　　　　　　　　　　　　　　　（1時間）
　①「ぼくの世界」「君の世界」以外で，一番重要だと思う言葉は何だろう？

第2次　各事例で筆者が述べていることを捉え，交流する　　　　　　　　　　（2時間）
　②各事例で筆者が述べたかったことは何だったのだろう？「要するに，〜。」でまとめよう。
　③「ぼくの世界」と「君の世界」を図で表すとすれば，どれがふさわしいだろう？　**本時**

第3次　読み取ったことをもとに，発展的課題について考える　　　　　　　　（2時間）
　④二つの世界は，完全に重なり合うのか合わないのか，どちらだろう？
　　最後に，筆者の主張（本教材）に対する納得度を10段階で表そう。
　⑤自分の納得度を含めて，筆者宛に手紙を書こう。

2．授業展開（第3時／5時間扱い）

導入（5分）

本時で取り組む学習課題を提示する。　　　　　　　　　　　　　　　　　　全体

T：今日は，それぞれの事例で表されている「ぼくの世界」と「君の世界」の関係性を，円を使って表してみようと思います。どれが一番当てはまるかを考えてみましょう。

※AからDまでの図を提示し，それぞれがどのような状態を意味しているのかを確認する。

展開（30分）

事例を一つずつ取り上げ，どの図が当てはまるかを考える。　　　ペア討議→全体交流

T：「うす暗い電球」の話は，どの図が当てはまるだろう？

C：僕はAだと思います。筆者は，電球のことを，「自分以外の人には，全然ちがったふうに見えているのかもしれない。」と言っているから，君の世界とはつながってないことを表していると思います。

C：私はCです。確かに君の世界とはつながっていないけど，「ぼく自身」の思いだけなのかもしれないということを考えると，「君の世界」も存在していないと思います。

T：では，二つめに取り上げられている「あまみや痛みの例」は，どれが当てはまるかな？

C：私は，Dだと思う。自分と同じように「あまみ」や「痛み」を感じることはあると思うけど，お互いの世界が重なり合うBまではいかないと思います。

C：僕はAです。「自分の感じていることと，他の人が感じていることが同じであるという保証はどこにもない。」と筆者が言っていることを考えると，Aがふさわしいと思います。

まとめ（10分）

最後に，それぞれの事例で，誰の意見に一番納得できたのかを交流し合い，本時の感想を記入する。　　　　　　　　　　　　　　　　　　　　　　　　　　　　　　　全体→個

T：では，今日の中で，一番納得できたのは誰の意見だったかを交流し合いましょう。

ALのポイント　ALのポイントは，図を用いて具体的なイメージを湧かせることで，筆者の主張の具体を捉えようとする点にある。それぞれの事例で，適切な図はどれかを考えさせることで，児童間の意見にはズレが生じる。そのズレを取り上げ，「どちらがより納得できる意見か？」などと全体に投げかけることで，より深まりのある議論を喚起し，さらに思考を活性化させることができるだろう。

あとがき

　アクティブ・ラーニング（以下，ALと略称）が，小学校や中学校まで下りてくるやいなや，教育関係書の主流はAL本である。これまで活動主体の言語活動を展開してきた教育者らは，横滑りでALの呼称を冠したり，当初，ALの定義を「主体的・協働的な学び」とされたことにより，学習形態の「型」を授業改善の骨格に据える研究者や実践者らは，それぞれにALに対応する独自性をアピールしたりといった様相を呈しているのが現状であろう。

　平成19年の改正学校教育法にも明記され，平成20年版の学習指導要領の柱の一つとされた「思考力・判断力・表現力」等の育成は，「主体的・対話的で深い学び」というALの定義のもと，今後さらに，新たな授業改善の試みとともに重要度を増していくに違いない。

　PISA調査や全国一斉学力調査の実態を受け，平成20年版学習指導要領が告示される前後から長崎は，「判断のしかけ」を切り口にして，「思考力・判断力・表現力」を「ともに育てる」学習指導を構想し，折に触れて提案を行ってきた。その構想を具体化したのが，正木友則氏との共同研究による「説明文教材で，学習者に『判断』をうながす『仕掛け』のバリエーション」（第128回全国大学国語教育学会）であり，大島光氏との共同研究による「文学教材で，学習者に『判断』をうながす『仕掛け』のバリエーション」（第129回全国大学国語教育学会）である。今回の実践提案の学習課題は，これらのバリエーションを基本としている。

　本書の柱は，ALが国語授業の中で有機的に機能し，主体的・対話的で「深い学び」を実現させるにはどうすればいいのかということであり，「深い学び」に至るための「良質な学習課題」をどのように構想するか，ということである。

　三津村正和氏は，「深い学び」につながるAL論を，史的研究を踏まえながら展開し，中洌正堯先生からは，「学習課題」開発の新たな視点として，文学作品での独自の「演出的読解方法」について論じていただいた。いずれもが，本書の骨格を成す貴重な研究論文である。

　本書に託す私たちの「思い」は，ALが，一つの時代の「流行」として終わるのではなく，学級の子どもたち全員が，「より楽しく」「より深く」学べる有効なツールとして，改善を重ねながらも「不易」な学習活動であってほしいということである。この本を手にとっていただいた方々から，どんなお言葉を拝聴できるのかを緊張しながらも楽しみに待ちたい。

　最後に，本書刊行の機会を与えてくださり，さまざまご尽力をいただいた明治図書の木山麻衣子氏には，心から感謝申し上げたい。

　2016年12月

編著者代表　長崎伸仁

【執筆者一覧】（五十音順，所属は2016年度のもの。・印は責任者。）

　穐山　直人　東京都練馬区立関町小学校（1章2・1年①，③・3年①）
　秋山　亮子　愛知県小牧市立一色小学校（1章2・2年①）
・安達真理子　立教小学校（1章2・3年②，④・4年②）
　石井　重人　東京都八王子市立加住小中学校（2章2・5年④・6年②）
　伊藤　正憲　東京都東大和市立第四小学校（2章2・3年①，②・4年②）
・大島　　光　創価大学（1章2・5年③・6年②）
　兼子　弘美　愛知県安城市立二本木小学校（1章2・2年③）
　神野　佳子　千葉県松戸市立和名ヶ谷小学校（2章2・3年③，④・4年①）
　木原　宏子　創価大学（1章2・5年②，④）
　工藤　大典　東京都福生市立福生第一小学校（1章2・1年④）
　工藤由里子　東京都八王子市立上川口小学校（1章2・1年④）
　坂岡　沙織　愛知県瀬戸市立西陵小学校（1章2・2年③）
　清水　亮佑　愛知県名古屋市立鳴海東部小学校（1章2・2年④）
・髙橋　達哉　山梨県富士吉田市立明見小学校（2章2・1年②・2年①，③）
　髙橋　真理　山梨県忍野村立忍野小学校（2章2・1年④・2年②）
・土居　正博　神奈川県川崎市立富士見台小学校（2章2・4年③，④）
　豊田　政美　東京都調布市立富士見台小学校（1章2・2年②）
　長崎　伸仁　創価大学（1章1）
　中洌　正堯　兵庫教育大学名誉教授（序章2）
　並木　奈緒　東京都千代田区立九段小学校（2章2・1年①，③・2年④）
・沼田　拓弥　東京都八王子市立七国小学校（1章2・1年②・4年①，④）
　久本　卓人　神奈川県立総合教育センター（1章2・5年①・6年③）
　土方　大輔　東京都練馬区立大泉第一小学校（1章2・6年①，④）
　正木　翔子　東京都八王子市立七国小学校（1章2・3年③・4年③）
・正木　友則　帝京平成大学（2章1）
・三浦　　剛　東京都八王子市立加住小中学校（2章2・5年②，③・6年④）
　三津村正和　創価大学（序章1）
　吉岡　　翼　愛知県小牧市立小牧南小学校（1章2年①）
　賀田　純恵　千葉県船橋市立丸山小学校（2章2・5年①・6年①，③）
　与那覇大規　愛知県名古屋市立鳴海東部小学校（1章2・2年④）

【監修者紹介】

中洌　正堯（なかす　まさたか）

兵庫教育大学名誉教授。元兵庫教育大学学長。全国大学国語教育学会等会員，日本国語教育学会（理事）。国語教育探究の会顧問，国語論究の会代表。国語教育地域学の樹立を目ざし，「歳事（時）記的方法・風土記的方法」を提唱する。著書に『国語科表現指導の研究』（渓水社），『ことば学びの放射線 「歳時記」「風土記」のこころ』（三省堂），『主体的な〈読者〉に育てる小学校国語科の授業づくり―辞典類による情報活用の実践的方略―』（明治図書，共編著）等。

【編著者紹介】

長崎　伸仁（ながさき　のぶひと）

兵庫教育大学大学院修士課程修了。大阪府公立小学校教諭等を経て，山口大学教育学部教授，同附属光小学校長等を歴任し，現在，創価大学大学院教職研究科教授。全国大学国語教育学会理事。国語教育探究の会代表。著書に，『文学の教材研究コーチング』『子どもに「深い学び」を！アクティブ・ラーニングを取り入れた国語授業』『物語の「脇役」から迫る 全員が考えたくなる しかける発問36』（以上，東洋館出版社）等。

三津村正和（みつむら　まさかず）

インディアナ大学大学院修士課程修了。アリゾナ州立大学大学院博士課程修了。教育学博士。現在，創価大学大学院教職研究科専任講師。専門は，いじめ予防，多文化教育，演劇教育。主な著作に，「意味のある学習を意識した授業デザイン」（松下佳代編『ディープ・アクティブラーニング』勁草書房，［関田一彦との共著］）等。

正木　友則（まさき　とものり）

創価大学教育学部児童教育学科卒業。創価大学大学院文学研究科教育学専攻博士後期課程在学中。現在，帝京平成大学現代ライフ学部児童学科助教。全国大学国語教育学会会員。名古屋・国語教育探究の会代表補佐。主な著作に『物語の「脇役」から迫る 全員が考えたくなる しかける発問36』（東洋館出版社，［分担］）などがある。

アクティブ・ラーニングで授業を変える！
「判断のしかけ」を取り入れた
小学校国語科の学習課題48

2017年1月初版第1刷刊	監修	中洌　正堯
2017年9月初版第2刷刊	©編著者	長崎伸仁・三津村正和・正木友則
	発行者	藤原　光政
	発行所	明治図書出版株式会社

http://www.meijitosho.co.jp
（企画）木山麻衣子　（校正）広川淳志
〒114-0023　東京都北区滝野川7-46-1
振替00160-5-151318　電話03(5907)6702
ご注文窓口　電話03(5907)6668

＊検印省略　　　組版所　長野印刷商工株式会社

本書の無断コピーは，著作権・出版権にふれます。ご注意ください。

Printed in Japan　　ISBN978-4-18-209618-1
もれなくクーポンがもらえる！読者アンケートはこちらから →